新媒体
软文营销

罗丹丹◎编著

清华大学出版社

北京

内容简介

本书是一本关于新媒体软文营销的书籍，共 13 章，内容包括新媒体软文的内容策划、标题撰写、开头写作、正文内容布局、结尾设计制作、内容排版与设计、推广信息植入，以及新媒体平台发布推广和效果评估分析及优化。

本书内容全面，由浅入深地讲解了新媒体软文的创作—营销推广—效果评估的全流程，同时，书中提供了大量的软文案例与新媒体运营工具，帮助读者学以致用。无论是新媒体运营专员、文案编辑，还是自媒体、种草达人、电商以及想要从事新媒体内容运营岗位的相关人员，都可以从本书中获益。

图书在版编目 (CIP) 数据

新媒体软文营销 / 罗丹丹编著 . —北京：清华大学出版社，2021.3（2022.8重印）

ISBN 978-7-302-56524-6

Ⅰ . ①新… Ⅱ . ①罗… Ⅲ . ①市场营销学—文书—写作　Ⅳ . ① F713.50

中国版本图书馆 CIP 数据核字 (2020) 第 183316 号

责任编辑：李玉萍
封面设计：李　坤
责任校对：张彦彬
责任印制：宋　林

出版发行：清华大学出版社
　　　　网　　　址：http://www.tup.com.cn，http://www.wqbook.com
　　　　地　　　址：北京清华大学学研大厦 A 座　　　　邮　　编：100084
　　　　社 总 机：010-83470000　　　　　　　　　　邮　　购：010-62786544
　　　　投稿与读者服务：010-62776969，c-service@tup.tsinghua.edu.cn
　　　　质 量 反 馈：010-62772015，zhiliang@tup.tsinghua.edu.cn
印 装 者：大厂回族自治县彩虹印刷有限公司
经　　销：全国新华书店
开　　本：170mm×240mm　　　　印　　张：20.25　　　　字　　数：324 千字
版　　次：2021 年 4 月第 1 版　　　印　　次：2022 年 8 月第 2 次印刷
定　　价：59.80 元

产品编号：086209-01

前 言

▶ 编写目的

随着互联网的快速发展，新媒体已经渗透日常生活的方方面面。人们的信息获取方式也从传统的报纸、电视等转变为互联网＋新媒体，在新媒体时代，各种网络广告也随处可见。在这种情形下，人们渐渐对网络广告产生了"免疫力"，以至于网络广告的流量竞争越来越激烈。

新媒体具有不受地域限制、传播速度快、营销成本低以及参与互动性强等优势。将新媒体与软文营销结合起来，不仅能提高品牌效应，还能减少资金投入让营销更精准、更有效。除此之外，这种营销方式还能长期发挥作用。因此，很多企业开始重视新媒体软文营销。

一篇优质的软文，在微信、微博和今日头条等新媒体平台都有可能形成裂变式的营销效果。但是，并不是所有的创作者都能写出高质量的新媒体软文。在新媒体软文创作过程中，很多创作者都遇到过标题不够吸引人、内容无法引起目标客户的共鸣等问题。

优质的新媒体软文离不开营销的助力，如何将软文推广出去，从而实现软文引流带货，这是摆在新媒体运营专员面前的难题。为了帮助新媒体人提高软文营销能力，我们策划撰写了本书。本书由浅入深地讲解了新媒体软文营销的全过程，其具体特点如下表所示。

特　点	说　明
内容实用 操作性强	本书采用"理论＋案例"的方式进行讲解，将难懂的软文写作理论知识与案例相结合，帮助创作者更高效地掌握软文创作的技巧
工具助力 提高效率	本书介绍了新媒体人在软文创作以及营销过程中需要使用的一些常见工具，这些工具不仅能帮助新媒体人更好地创作软文，还能提高软文营销的效率，可以说是新媒体运营的"利器"
图解展示 学习轻松	对于比较烦琐的操作，本书以图示化的方式进行展示，力求让新媒体人轻松掌握相关操作，更快上手

▶ 本书结构

本书共 13 章，包括新媒体软文内容策划、内容创作、编辑技巧、发布推广及评估优化五个部分，具体内容如下表所示。

部分	主要内容
第一部分：内容策划	该部分为本书的第 12 章，主要介绍新媒体营销软文的基础知识和内容策划，包括什么是新媒体软文、内容规划的准备工作、建立日常内容素材、如何借势做热门话题等内容
第二部分：内容创作	该部分为本书的第 3～6 章，主要介绍新媒体软文标题、正文以及结尾内容的创作，包括明确优质标题的标准、新媒体软文标题写作技巧、软文开头的几种方法、降低阅读难度的开头技巧、新媒体正文内容如何布局以及如何给文字配上合适的插图等内容
第三部分：编辑技巧	该部分为本书的第 7～9 章，主要介绍新媒体软文的排版技巧、推广信息植入技巧和不同类型新媒体软文创作技巧，包括如何完整排版一篇文章、为内容服务的文章配色、如何实现推广信息自然转折、社交媒介软文撰写以及种草类软文撰写等内容
第四部分：发布推广	该部分为本书的第 10～11 章，主要介绍如何发布和推广新媒体软文，包括新媒体账号整体定位、将软文发布到合适的平台、软文推送基本策略、微信平台软文推广、微博平台软文推广和自媒体平台软文推广等内容
第五部分：评估优化	该部分为本书的第 12～13 章，主要介绍如何做新媒体软文效果评估以及如何持续提升软文转化力，包括软文内容数据分析、利用数据做文章优化运营和软文写作能力提高训练等

▶ 本书读者

本书特别适用于新媒体内容运营岗位相关人员，包括新媒体运营专员、文案编辑、公众号推广专员、活动策划，同时也适用于自媒体、电商卖家、种草达人、微商及想要转行从事软文营销工作的人员。

由于经验有限，加之时间仓促，书中难免会有疏漏和不足之处，恳请专家和读者不吝赐教。

编　者

目　录

第 1 章　初识新媒体营销软文

第 2 章　写软文前的内容策划

第 4 章 软文开头的写作

第 5 章　软文正文内容布局

第 6 章　软文结尾的设计制作

第 7 章　软文内容的排版与设计

第 8 章 软文中植入推广信息的技巧

第 9 章　玩转不同类型新媒体软文创作

第 10 章　新媒体营销软文的发布

第 11 章　主流新媒体渠道软文营销

第 12 章　软文营销推广效果评估

第 13 章　持续提升新媒体软文转化力

初识新媒体营销软文

第1章

软文是一种文字广告，它巧妙地将广告植入相关内容中以实现营销推广的目的。在新媒体时代，软文作为一种传播媒介，为企业开展线上整合营销提供了助力，是企业在新媒体营销中抢占流量的重要工具。

▶ 新媒体软文的特点
▶ 新媒体软文的几种类型
▶ 新媒体的传播特点
▶ 新媒体软文营销的优势
▶ 软文对企业营销的作用
▶ 在新媒体推广中的应用

▶ 软文的基本结构
▶ 了解新媒体文字风格
▶ 新媒体对软文的要求
▶ 明确软文的目标人群
▶ 深度掌握产品基本信息

1.1 什么是新媒体软文

新媒体软文是相对于硬性广告而言的一种广告载体。与传统的营销方式不同，新媒体软文是通过内容为产品赋能，打动用户，培养用户的信任感，最终实现品牌宣传和产品销售的目的。

1.1.1 新媒体软文的特点

新媒体软文指在新媒体平台上传播的软性广告，"软"是其独到之处。相比于传统的硬性广告，新媒体软文具有以下特点。

◆ **内容有价值：**对用户来说，软文本身是有价值的内容，如有料的资讯、有趣的段子、有用的技巧等，这些内容能帮助用户获取有用的知识或解决一些问题。

◆ **广告具有隐蔽性：**软文将推广信息巧妙地糅合进文章中，使得用户在不知不觉中被"营销"，并不会反感。比如一篇推广电吹风产品的软文，在内容中没有一开始就直接介绍产品，而是先说明头发的重要性及普通电吹风对头发的危害，然后再引出产品，如图1-1所示。

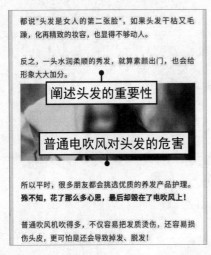

图1-1 电吹风产品软文

◆ **本质是广告**：软文的目的是营销推广，其本质仍是一种广告形式，因此在策划软文内容时不能忽视要实现的营销效果。

◆ **内容形式丰富**：新媒体软文的内容形式很丰富，可以是一则故事，也可以是一篇事件新闻或者福利推送。

◆ **表达方式网络化**：新媒体软文在语言表现上会使用一些网络流行语，这也是由新媒体营销特性决定的，带有"网络化"思维的软文更容易被读者接受和传播。图1-2为微信公众号文章标题，图中的"佛系""丧""逆袭"等就是网络流行词汇。

图1-2　某微信公众号文章标题

1.1.2 新媒体软文的类型

软文根据不同的分类标准可分为不同的类型，这里按新媒体软文的内容特点进行分类，具体可分为以下几类。

1）故事型软文

这类软文以讲故事的方式引导读者，由于故事本身就具有一定的可读性和吸引力，所以故事型软文的用户接受度会较高。故事型软文常常会通过故事情节唤起读者的情感，如儿时记忆、职场励志、生活感受等。

2）经验型软文

这类是以经验分享为主要内容的软文，这类软文可以让读者获得有用的知识，如健康科普、生活小妙招、软件使用技巧等。经验型软文提供的内容一定要具有实用性，这样才能获得持续关注。

3）娱乐型软文

这类软文主要是搞笑段子、笑话或趣味故事等，娱乐型软文具有很强的趣味性，将产品信息融入其中既能让读者开怀一笑，又能起到营销宣传的作用。

4）新闻型软文

新闻型软文是以新闻报道的形式进行企业宣传，内容可以是人物访谈、权威发布、行业报道等。这类软文一般从客观角度叙述，并且是以新闻稿的方式报道，多发布在权威网站上，所以很容易取得读者的信任。很多企业在发布新品时就会以新闻型软文的形式报道宣传，为新品造势。

5）访谈型软文

以人物访谈形式撰写的软文，内容常用一问一答的方式呈现，但有的访谈型软文也会以陈述的方式阐述，文章中会以文字引用、图片或视频的形式展现被访谈人物的金句或访谈对话。访谈的对象一般为知名人士，从而文章具有很强的关注度，也容易使读者注意并接受。

6）种草型软文

种草型软文是从消费者的角度来撰写的产品推荐类软文，这类软文的内容具有人格化的特征，能够让读者觉得创作者是在真实地使用这款产品，使潜在消费者从内容中感受到产品优势，从而下单购买产品。

7）福利型软文

福利型软文会以"利"诱人，在文章中提供某种好处给读者，这种好处可以是优惠价格、礼品或者是某种资源，如优惠券、低价折扣、软件安装包、电影资源等。

8）情感型软文

情感是一个不会过时的话题，也是人们乐于讨论的一个话题，软文如果能以情感作为内容主题，常常能吸引很多读者的关注。如今，人们购买一个产品，不仅仅看重产品的使用价值，还看重产品所带来的感情需求。以

"情"动人的情感型软文就能从心理上获取消费者的认同感，从而走进读者的内心。

1.1.3　新媒体的传播特点

传播软文的载体各有特点。在新媒体平台，软文的传播具有以下特点。

1）传播速度即时

传播速度即时是新媒体的一大特点，软文创作者将文章发布到各新媒体平台后，用户通过互联网就可实时地接收到信息。以公众号软文和淘宝种草软文为例，在发布软文时，可以设置定时群发，让软文在特定的时间推送。图 1-3 分别为公众号和淘宝的定时发送功能。

图 1-3　新媒体平台的定时发送功能

2）传播方式交互性

新媒体的传播方式是双向的，软文的创作者既可以是信息的发布者，也可以是信息的传播者，而受众不仅是内容的接受者，也可以成为内容的传播者。

创作者和接受者都可以通过新媒体将一篇优质的软文分享给自己的亲朋好友或者转发到其他新媒体平台。比如在微信中，可以将软文发送给朋友、分享到朋友圈或者 QQ 空间等；在微博中，可以转发软文到自己的微博，如图 1-4 所示。

图 1-4　新媒体的分享功能

3）不受地域限制

新媒体软文的传播是不受地域限制的，人们可以通过移动互联网在不同的场所阅读和传播软文，再加上移动网络越来越高速，使用移动互联网浏览资讯的用户也越来越多，内容的接受和传播方式从固定转变为移动。

这一点从 CNNIC 发布的第 44 次《中国互联网络发展状况统计报告》中就可以看出。报告显示：截至 2019 年 6 月，我国手机网民规模达 8.47 亿，手机上网比例达 99.1%，图 1-5 为互联网络接入设备使用情况数据，可以看出手机设备的使用远高于其他设备。

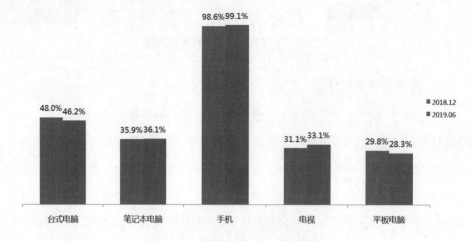

图 1-5　互联网络接入设备使用情况

另外，报告表明：与 5 年前相比，移动宽带平均下载速率提升约 6 倍。移动互联网流量大幅增长，用户月均使用移动流量达 7.2GB，为全球平均水平的 1.2 倍。可以说，提速降费为新媒体内容的传播提供了有利条件。

4）具有碎片化倾向

人们在新媒体平台阅读内容，大多是利用闲散的时间，如上下班途中、晚饭休闲时。在这样的背景下，内容的阅读和传播方式也变得碎片化，这就使得新媒体软文大多是短小精悍的，才能满足人们的阅读需求。

5）具有个性化特征

新媒体时代，人们往往只会分享自己关注或感兴趣的内容，这就使得新媒体内容的传播具有明显的个性化特征。此外，网民也会根据自己的喜好搜索和筛选内容，并关注自己感兴趣的博主、公众号等。

在很多资讯类手机应用中都支持分类筛选的功能，用户可根据个人喜好选择分类，然后应用会根据用户的选择为其推荐合适的内容，这也体现了新媒体内容传播精准化的特征。图 1-6 为今日头条 App 频道编辑页面。

图 1-6　今日头条 App 频道编辑页面

1.2　软文与营销结合的重要性

软文与营销相结合才能发挥其重要的作用，可以说营销为软文的推广和效果达成提供了助力。那么对企业来说，软文营销究竟扮演着怎样的角色呢？下面一起来看一看。

1.2.1 新媒体软文营销的优势

与其他营销方式相比，新媒体软文营销具有以下优势。

1）营销成本较低

对很多中小企业来说，由于营销预算有限，户外广告、电视广告、赞助式广告所带来的成本是无法承受的，所以它们需要一种成本较低的营销推广方式，而新媒体软文营销就是比较好的选择。

图 1-7 为某软文推广平台的新闻源软文推广价格一览，与动辄上万元的电视广告和户外广告相比成本要低很多。

媒体分类	媒体名称	入口类型	市场价格	高级代理	普通代理	普通会员	链接分类	新闻源
财经商业	慧聪网-商业	栏目页面	100元	40元	45元	50元	不带联系方式	
新闻资讯	凤凰网-海南	栏目页面	150元	60元	67.5元	75元	不带联系方式	
新闻资讯	中国新闻网-安徽	栏目页面	150元	60元	67.5元	75元	不带联系方式	百度新闻源
新闻资讯	扬子晚报网	栏目页面	200元	80元	90元	100元	不带联系方式	
新闻资讯	凤凰网-宁波	栏目页面	200元	80元	90元	100元	不带联系方式	百度新闻源
财经商业	华夏经纬网	栏目页面	200元	80元	90元	100元	不带联系方式	百度新闻源
财经商业	华商网-财经	栏目页面	200元	80元	90元	100元	不带联系方式	

图 1-7　某软文推广平台的新闻源软文推广价格一览

2）可多次传播

一篇软文可以在多个新媒体平台实现快速多次传播，其中优质的软文还可能得到受众不断的转发，甚至成为爆文。图 1-8 为统计的 24 小时内母婴分类下的微信文章排行榜，可以看出文章的阅读数都在 5 万以上，有的甚至达到了 10 万＋，在看数也有上百不等。在这些文章的尾部基本上都有公众号二维码推广信息，有的还有产品推广链接。

文章标题	公众号	阅读数	在看数
▶ "老婆，求你千万别离婚！！！"哈哈哈哈哈笑到抽筋……		10W+	843
🔲 总是催孩子快一点，坏处原来这么大！		10W+	367
🔲 比牛奶的蛋白质含量高5倍！这样给娃拿着吃，太省事了		93078	987
🔲 住手！这6种最常见的坏习惯，会让娃越来越丑！		78569	98
养娃血泪：一个人solo，一家人battle		73514	104
"生二胎的第3天，我后悔了"		73230	489

图 1-8　母婴类公众号文章排行

在看数可以表明受众将文章分享到微信"看一看"的数量，用户点"在看"即帮助了文章进行二次传播。

3）持续性强

一篇软文发布到新媒体平台后，只要不主动删除或者被平台屏蔽就可以一直存在于平台上。图 1-9 为在百度知道中植入推广信息的软文，可以看出其发布日期为 2017 年。

图 1-9　百度知道软文

4）营销更精准

软文在发布投放时可以从标题关键词和内容上对目标受众进行区分，使营销更为精准，比如针对喜欢运动的男鞋产品软文，可以在标题或内容中插入运动、汗脚、轻盈透气等关键词以吸引潜在消费者阅读。而互联网的搜索检索功能也能让文章直达目标受众。此外，创作者也可以通过持续发布有价值的文章吸引用户关注，这样发布的软文就可以直达自家粉丝，实现精准营销。

1.2.2 软文营销对企业的作用

越来越多的企业选择软文营销，不仅仅是因为其具有的营销优势，还在于软文营销给企业带来的作用，具体有以下几点。

1）提高企业形象

软文营销具有树立企业形象的作用，特别是新闻型软文，它能给企业树立积极的正面形象，同时还能提高品牌知名度。图1-10为一篇新闻型软文，文中介绍了企业的领先地位，可以让读者感受到企业品牌的信誉度。

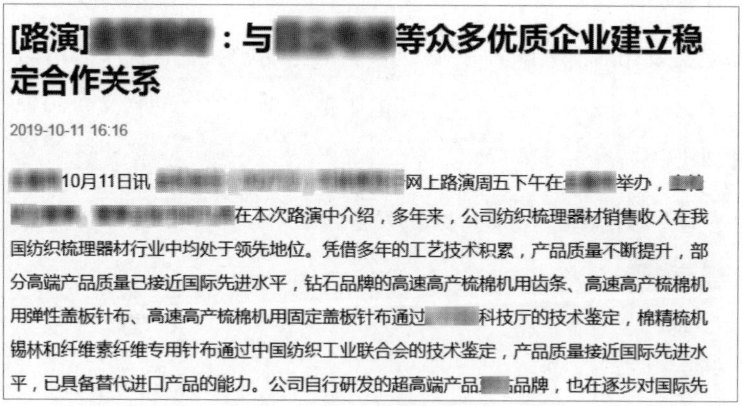

[路演] ＿＿＿＿：与＿＿＿＿等众多优质企业建立稳定合作关系

2019-10-11 16:16

＿＿10月11日讯＿＿＿＿＿＿＿＿网上路演周五下午在＿＿＿举办，＿＿＿＿＿＿在本次路演中介绍，多年来，公司纺织梳理器材销售收入在我国纺织梳理器材行业中均处于领先地位。凭借多年的工艺技术积累，产品质量不断提升，部分高端产品质量已接近国际先进水平，钻石品牌的高速高产梳棉机用齿条、高速高产梳棉机用弹性盖板针布、高速高产梳棉机用固定盖板针布通过＿＿＿＿科技厅的技术鉴定，棉精梳机锡林和纤维素纤维专用针布通过中国纺织工业联合会的技术鉴定，产品质量接近国际先进水平，已具备替代进口产品的能力。公司自行研发的超高端产品＿＿品牌，也在逐步对国际先

图1-10　新闻型软文

2）为网站提供流量

在互联网上，人们搜索内容大多是通过搜索关键词实现的，如果发布在自家网站中的软文植了合适的关键词，就可以通过该软文为网站引流。比如一位有装修需求的网友，在百度中搜索了"胡桃木家具怎么样"的内容，在搜索结果中可以看到与该关键词相关的内容，单击内容超链接就可进入相关企业的

门户网站，如图 1-11 所示。

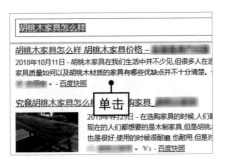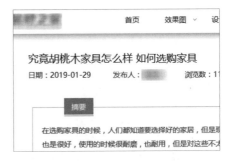

图 1-11　搜索引擎内容获取流量

对于新建的企业网站来说，软文还可以帮助其增加外链，辅助搜索引擎优化，提高关键词排名。

3）产品卖货

对电商类产品来说，企业可以利用软文不断给消费者种草，激起消费者的购买欲望，实现产品卖货。以京东商城上的种草类软文为例，文章中就有商品链接，卖家可引导消费者单击链接购买商品，如图 1-12 所示。

图 1-12　软文中的商品链接

1.2.3　在新媒体推广中的应用

在新媒体营销中，软文的应用很广泛，不管是在社交平台，还是在门户网站或者工具类 App 中，都可以看到软文的身影。以支付宝为例，在支付宝首页的"生活服务"频道中会为用户推荐不同的内容，单击内容可进入"会生活"页面，在该页面中有很多达人和商家发布的内容，用户可阅读自己感兴趣的内容，如图 1-13 所示。

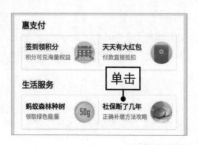

图 1-13　支付宝的"会生活"频道

进入内容的阅读页面后，可以看到"关注"按钮，对该文章感兴趣的用户可以关注该商家，这样商家就实现了软文的一次引流。而在文章的尾部，还可以再次进行营销推广，如图 1-14 所示。

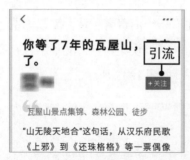

图 1-14　软文在支付宝内容频道中的应用

在其他新媒体平台的内容频道中也可以看到很多软文，这些软文都发挥着各自的营销推广作用。

1.3　做足软文撰写的基本功

在撰写一篇软文前，创作者要掌握软文的基本结构以及文体风格等，这样在后期进行软文创作时才能更加得心应手，让写出的软文更符合新媒体传播的特性。

1.3.1 软文的基本结构

一篇常规的软文，一般由标题、开头、正文和结尾组成，其中正文由多个部分组成，图 1-15 为一篇文案的结构图谱。

文案标题

标题一：不要让迟到成为习惯
标题二：成为更好的自己，从提前10分钟开始

开头

以举例的形式开头，先构建一个生活现象，包括踩点出门、赖床、上班迟到的现象，再引出文章主题思想：经常迟到会对自己造成不好的影响。

正文

第一部分：讲述朋友的一桩糟心事，朋友相亲但迟到了，结果导致相亲失败，然后阐述迟到不是大错，但在某些场景下，提前到却能体现对他人的尊重。
第二部分：讲述自己大学毕业时找工作的经历，面试时迟到了，结果导致面试失败，阐述守时的重要性。
第三部分：讲述同事的故事，同事在工作日总会提前半小时到公司，早到使得他进入工作状态的时间也会比其他同事更早，最近该同事连升了两级，阐述提前到对自身不会有坏处。

结尾

结尾总结提前10分钟对个人生活有利无害，然后插入治愈插画产品，介绍产品的特点，并附上购买链接。

图 1-15 文案结构

从上述内容可以看出一篇软文的大致组成和节奏，每个组成部分都起着重要的作用，具体作用如下所示。

◆ 标题：起吸引读者注意力的作用，标题的好坏会影响软文的阅读量。

◆ 开头：起引领读者继续阅读的作用，同时也具有内容衔接的作用，好的开头能让读者印象深刻。

◆ 正文：起引领读者，突出重要信息的作用，很多时候正文还要负责推广信息的植入。

◆ 结尾：起概括的作用，在很多软文中，结尾会进行推广信息的深度植入，让读者对推广的内容有更多的了解。

在撰写软文时，创作者可以按照上面的例子构建软文内容的基本框架，这样可以让软文创作的思路更清晰。

1.3.2 了解新媒体文字风格

在不同新媒体平台上发布软文，其文风会有所不同，下面来看看常见新媒体软文的几种文字风格。

1）新闻式风格

新闻式的软文其文风一般严谨、规范、真实、准确，内容具有明显的记者报道发布特征。当企业发生重大事件，要进行品牌宣传时，就可以使用新闻体进行软文推广，如新品发布、公司成立、年会、战略合作等，图1-10所示的就是一篇新闻体软文，可以看出其措辞具有新闻媒体的风格。

2）幽默式风格

幽默式风格是当前新媒体软文比较常用的文字风格，这种风格很受大众的欢迎，可以让读者在轻松有趣的氛围中接受广告信息，如图1-16所示。这类文字风格的措辞比较诙谐、有趣，也会使用一些网络流行语。

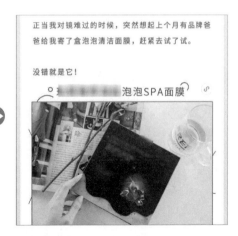

图 1-16　幽默式风格软文

从图 1-16 可以看出，该内容的语言风格属于诙谐风趣型的，读者阅读起来会很轻松。

3）抒情式风格

抒情式文风的软文常常会让读者在阅读后仍然难以忘怀，因为可以让读者感受到感动、温暖，如图 1-17 所示，很多情感类软文就常使用这种文风。

图 1-17　抒情式风格软文

从图 1-17 的内容可以看出，该软文的文字风格是很走心的，读者在阅读了以后能够感受到文字所传达的情感。

1.3.3 新媒体对软文的要求

新媒体时代，不仅软文的文字风格发生了变化，对软文的其他写作要求也发生了变化，具体有以下几点。

1）排版要求美观

新媒体软文除了注重内容本身的实用性外，还要求文章排版美观。优秀的排版能让软文阅读起来更轻松，使阅读成为一种享受，同时也能增强文章的逻辑性，提高读者阅读体验。图1-18为新媒体软文排版样式，可以看出其把文章分为了多个自然段，段落之间还配有图片，减轻了阅读压力。

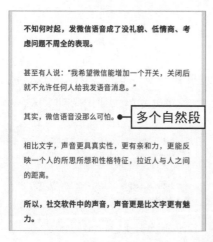
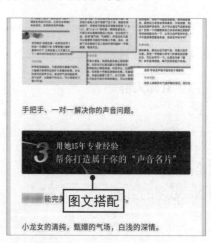

图 1-18　新媒体软文排版样式

2）内容要求通俗易懂

新媒体读者的用户量很大，他们的年龄、阅历以及所属行业等都不同，因此新媒体软文要求内容通俗易懂，以保证大部分人都能轻松读懂。所以我们可以看到，很多新媒体软文的语言表述方式都很口语化，生僻字、专业术语等很少出现。

3）标题高要求

受新媒体传播特点的影响，新媒体软文对标题的要求较高，因为好标题带来的高点击量是显而易见的。很多新媒体运营团队在创作软文时都会拟很多标题，然后从中选出一个标题，以保证标题的质量。

4）符合广告法要求

新媒体软文都是在互联网上进行传播的，因此软文广告制作要遵守相关法律法规，包括《互联网广告管理暂行办法》《广告法》，软文创作者要充分了解这些法律法规，让文章合规。

1.3.4　明确软文的目标人群

每一篇软文都有一定的目标推广对象，在写软文前，需要了解你的目标用户，这样写出来的软文才有针对性。目标人群可从以下几个方面确定。

1）目标人群是谁

创作者要了解目标人群是谁，包括目标人群的年龄、性别、职业、收入以及地域等特征。了解目标人群有助于创作者明确软文的阅读对象，清楚这篇软文是写给谁看的，同时也可以帮助创作者选择合适的内容。比如目标人群是针对 20~30 岁的白领女性，那么家庭、婚姻、职场等内容就可能是她们感兴趣的。

2）目标人群的需求是什么

了解了目标人群的基本属性后，还需要了解这部分人的需求是什么，以便于软文内容设计以及产品优势和卖点的阐述，以健康代餐产品为例，目标人群的需求可能是爱美、保持身材、养生、想要减肥等。

根据这一需求，在撰写软文时就可以从一个爱美女性的角度来说明产品的优势和卖点，比如绿色健康、无副作用、代餐瘦身等，这样写出来的软文会让目标对象觉得是真正有用的。

3）目标人群在哪里

明确目标人群在哪里以及他们从哪些渠道获取内容信息，可以帮助创作者明确软文的推广渠道。在新媒体营销中，主要通过分析目标人群的上网习惯确定目标人群在哪里，比如通过何种媒介了解信息、常用什么样的软件、经常在哪个时间段上网等。

1.3.5 深度掌握产品基本信息

新媒体软文最终是为产品推广而服务的，因此在内容中创作者需要体现产品的卖点，让目标对象明确为什么这个产品值得买。要让文案中产品的卖点更有诱惑力和杀伤力，这就要求我们在写文案前深度掌握产品的基本信息。

以粉底产品为例，在不了解产品前，可能只能写出遮瑕、提亮肤色、养护皮肤这几个卖点，而在深入了解产品详细信息后，又可以挖掘出控油、改善肌肤问题、保湿润肤等卖点。再将这些卖点进行筛选、优化，融入软文内容中，就能让目标对象深度了解到产品的优势。

一个产品的卖点可能会有多个，但在软文中，创作者需要体现对消费者来说最核心的卖点，这样才能打动他们。对于如何挖掘产品的卖点，将在后面的章节中进行介绍。

写软文前的
内容策划

第2章

在进行新媒体营销过程中，很多企业对软文的内容定位、产出量和推送节奏等都有一定的要求，而创作者要让软文的内容产量跟上企业的营销节奏，或者说实现软文的更快过稿，就需要做好内容策划，明确软文的创作主题和方向。

▶ 新媒体内容规划的重要性
▶ 用户画像明确内容定位
▶ 内容分类降低选题难度
▶ 有规划地收集新媒体素材
▶ 利用手机建立素材库
▶ 对素材库进行分类整理
……

▶ 新媒体素材的分类存储
▶ 从用户需求中找选题
▶ 根据自媒体定位挖掘选题
▶ 按重要节点做选题策划
▶ 紧跟同行借鉴优质选题
▶ 利用新媒体爆文策划选题

PLAY

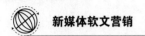

2.1 内容规划的准备工作

很多时候在得到软文推广任务后，创作者的第一反应就是开始找资料、写文案。实际上在这之前，还需要做一些准备工作，包括明确内容规划的重要性、做好用户画像和进行内容分类。

2.1.1 新媒体内容规划的重要性

很多创作者之所以不做内容规划，主要是因为不清楚内容规划的重要性，认为内容规划可有可无。这样的想法是不正确的，对创作者来说，做好内容规划具有以下几个重要作用。

1）避免无内容可写

一篇新媒体软文正式推送前，给予软文创作者的写作时间其实并不多，当有热点话题出现时，一篇软文的可创作时间会更短，有的甚至要求一两个小时就写好一篇软文。

如果创作者平时没有内容规划的意识，在软文创作时就可能导致出现不知道写什么内容，或者无内容可写的情况。若平时做好了内容规划，在重要的时间节点到来时，或者有热门话题时，就可以及时从选题库、素材库中找到软文写作的灵感、素材和资料等，为软文创作提供有力的支持。

2）避免选题偏移

软文的主题决定了软文正文中故事、剧情情节以及图片等的规划，通过内容规划明确软文的主题后可以更好地设计软文的内容框架，保证内容不偏题，广告信息的植入更贴切、隐蔽。

3）确保内容垂直性

不管是在新媒体营销，还是在自媒体运营中，保持内容的垂直性都更利于吸引目标粉丝，增强粉丝的黏性。而要保证垂直性内容的产出，就需要创作者专注一个领域并进行内容的提早规划。在很多新媒体平台中，内容越垂直也越便于平台打标签，然后将内容推荐给更精准的目标群体。此外，相比泛娱乐领域，垂直领域内容的商业价值往往更高。

 小贴士

泛娱乐内容，是指受众广泛，没有明显细分领域的内容。垂直内容，是指持续专注一个领域、有一定差异性的内容，比如家居自媒体，其内容主要是居家生活小窍门的分享；美妆博主，其内容主要是美容化妆教程，这样就是内容垂直。

2.1.2　用户画像明确内容定位

在做新媒体内容规划前，首先要明确用户画像，即内容是发给谁看的。用户的画像可以从账号数据后台获取，以微信公众号为例，在微信公众平台后台，可以查看用户的人口特征、地域归属以及访问设备等信息。图2-1所示为公众号用户人口特征画像，包括性别分布和年龄分布。

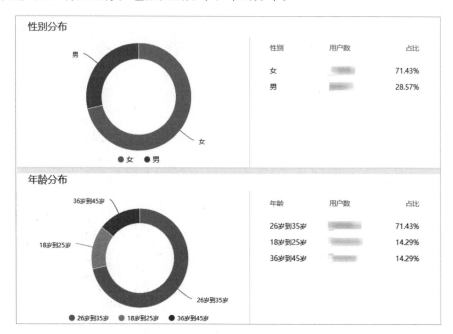

图2-1　公众号用户人口特征画像

从图 2-1 可以看出，该公众号女性粉丝高于男性粉丝，年龄多集中于 26~35 岁。根据这一特征，在策划内容时，可以考虑该年龄段女性所喜欢的内容，由此确定选题，比如情感、时尚、娱乐等。

此外，也可以通过对竞品新媒体账号进行数据分析了解目标群体的用户画像以及内容方向，下面以微小宝为例。

进入微小宝（https://data.wxb.com/）首页，在打开的页面中输入竞品账号名称，单击"搜索"按钮，如图 2-2 所示。

图 2-2 公众号账号搜索

在打开的页面中单击"查看详情"按钮，进入数据查看页面，单击"内容分析"标签，如图 2-3 所示。

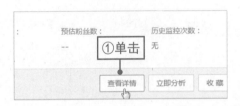

图 2-3 进入查看详情页面

在打开的页面中即可查看该公众账号文章分类以及热词等数据，如图 2-4 所示。

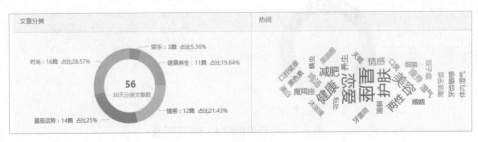

图 2-4 进入内容分析页面

单击"数据研究院"超链接，在打开的页面中选择内容分类，如单击"情感"超链接，如图 2-5 所示。

图 2-5 进入数据研究院页面

在打开的页面中可查看到该分类下用户在不同地区的分布数据，如图 2-6 所示。

粉丝数据			
广东	4585	山东	2661
江苏	2479	河南	2277
浙江	1999	河北	1661

图 2-6 情感分类下的粉丝数据

通过以上数据内容，可以看出竞品新媒体账号的粉丝多分布于广东、山东等地区，大致的内容方向有恋爱、护肤、健康等。在针对自己账户的目标对象进行用户画像分析时，分析越准确，内容选题就越不容易出错，且会更垂直。比如同样是做时尚穿搭领域，A 自媒体达人的粉丝主要是职场人士，因此其内容方向主要是职场穿搭；B 自媒体达人的粉丝主要是大学生，因此其内容方向主要是大学生穿搭。

2.1.3 内容分类降低选题难度

在确定了内容的大致方向后，可以对内容进行分类，这有助于后期进行选题筛选，降低选题难度。比如软文的日常内容方向是母婴育儿，根据这一内容方向，又可划分为亲子成长、婴幼儿护理、早期教育、产后护理、宝宝食谱、智力启蒙等内容。

将内容进行细分后，后期的选题会更加方便，比如要推广的是《儿童科学启蒙课》知识付费产品，那么就可以在智力启蒙分类下选择合适的选题。表 2-1 为常见的新媒体软文类型及细分分类，可供参考借鉴。

表 2-1　常见的新媒体软文类型及细分分类

类型	细分分类
健康	养生、中医养生、营养学、食物百科、婴幼儿护理、育儿、科学护肤、养生食谱、健康养老
时尚	时装搭配、流行文化、明星穿搭、男装、护肤化妆、健身、街拍
美食	烹饪技巧、瘦身减肥、早餐菜谱、甜品小吃、秋季养生、水果、营养学、厨卫电器
情感	恋爱、两性、早期教育、亲子成长、鸡汤、家庭教育、占星学、婚姻、心理学、育儿
幽默	娱乐八卦、影视综艺、萌宠、冷笑话、奇闻逸事、社会万象、情感婚姻、育儿、奇葩糗事
职场	读书、创业、投资、婚姻、家庭教育、职业发展、求职、入职培训、绩效管理、自我管理、工作经验
科技	移动互联网、人工智能、创业投资、电子商务、科技新闻、汽车产业、数码、智能手机、互联网电商
教育	家庭教育、亲子成长、早期教育、婴幼儿护理、叛逆期、升学考试、大学教育、国学、作业辅导
文摘	鸡汤、诗歌、中外美文、深度好文、微小说、历史故事、国学经典、读书、情感、育儿
美体	瘦身健身、美容美发、护肤保养、穿衣搭配、健康、整形、化妆、瑜伽、运动、减肥
财经	证券、理财、科技新闻、财经资讯、股票、投资、保险、股权、金融科技、时政、楼市、宏观经济

2.2 建立日常内容素材库

在创作软文时，需要使用很多素材资料，日常建立软文写作素材库可以提高软文的创作效率。建立素材库也有一定方法技能，下面来看看如何利用工具收集和整理内容素材。

2.2.1 有规划地收集新媒体素材

素材收集应有规划地进行，所有素材不能放在同一个文件夹中。一般来说，可以建立以下几种类型的新媒体素材库，这样才便于后期的整理和调用。

1）选题素材库

选题素材库用于收集软文选题，素材的来源可分为两大渠道——内部渠道和外部渠道。内部渠道是指创作者结合个人经历、知识、灵感，思考或总结的选题，或者从以往文章中拓展的选题；外部渠道是指从社交平台、社群平台、资讯类网站、视频 App 等渠道搜寻的选题。

2）标题素材库

标题素材用于收集优质的软文标题，收集标题素材时不必考虑行业，同时也不必考虑文章内容怎样，因为很多好的标题都是可以套用的，而正文内容差的软文其标题也不一定不好。标题素材可利用第三方数据网站收集，下面以易撰为例，来看看如何收集。

进入易撰（https://www.yizhuan5.com/）并登录，在首页单击"数据分析"超链接，如图 2-7 所示。

图 2-7　进入易撰首页

进入自媒体库页面，在该页面可按来源、领域、类型、阅读量等筛选标题，这里我们主要收集情感类爆款文章的标题，因此按两性情感、10万+标签来筛选，如图2-8所示。

图 2-8　标题筛选

根据筛选结果，选择自己觉得好的标题放到标题素材库中。另外，标题素材还可以来源于以下途径：大号爆款标题、朋友圈文章标题，标题技巧文章中提到的优质标题案例、各类资讯网站中的标题。

3）正文写作素材库

正文写作素材库用于收集正文写作时所需的素材，该素材库所需的素材类型比较多，包括图片、视频、音频、文字，收集时要分类进行，避免素材杂乱无章。正文素材可从爆款文章、素材网站、日常阅读中收集。正文素材的收集常常具有随机性，平时遇到好的素材最好及时保存下来，放到正文素材库中。

4）灵感记录素材库

灵感记录素材库用于记录稍纵即逝的写作灵感，因为灵感是可遇而不可求的，所以当灵感来临时，要快速记录到备忘录中，一般可使用第三方手机备忘录应用或手机自带的记事本记录。以记事本为例，单击"记事本"图标按钮，在打开的页面中单击"编辑"按钮，进入编辑页面后，可记录文字、插入图片、录制录音、设置提醒，如图 2-9 所示。

图 2-9　使用记事本记录灵感

小贴士

素材的收集是一个积少成多的过程，不要为了收集素材而去搬运素材，忘记素材的真正作用。对于素材库中存放的素材要定期进行回顾和熟悉，这样在创作软文时才知道有哪些素材可以利用。

2.2.2　利用手机建立素材库

现在智能手机的功能很丰富，利用手机中的一些工具就可以建立素材库，常用的工具有以下几种。

1）微信收藏

微信收藏是一个不错的素材收集工具，它可以帮助我们收集微信中优质文章、图片、视频、音乐、笔记和文件等。对于收藏的内容还可以添加标签，以便于使用时可通过搜索检索，如图 2-10 所示。

图 2-10　微信收藏功能

2）笔记程序

微信笔记是指微信公众号提供的一种笔记工具，另外有道云笔记和印象笔记也是比较好用的。以有道云笔记为例，在微信中关注"有道云笔记"公众号后，就可以使用其提供的功能，其支持永久保存微信文章、小视频、聊天、图片等，此外还支持 PC 端、移动端同步，下面来看看如何使用。

关注"有道云笔记"公众号后，在消息窗口单击"点我绑定笔记账号"超链接，输入网易账号和密码，单击"登录并绑定"按钮（或使用第三方账号登录），如图 2-11 所示。

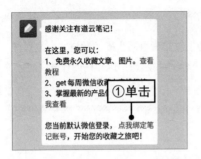

图 2-11　绑定有道云笔记

在打开的页面中单击"授权"按钮，授权完成后，在微信中收藏文章时单击"有道云笔记"按钮，即可将文章收藏到有道云笔记，如图 2-12 所示。

图 2-12　将素材收藏到有道云笔记

收藏成功后进入有道云笔记公众号消息窗口，单击系统发送的链接，在打开的页面中可进行内容查看。此外，也可以下载有道云笔记 App，在 App 中进行笔记管理。

 **小贴士**

　　若想要在有道云笔记中保存文字、图片、视频等素材，只需在消息窗口发送对应的素材到有道云笔记公众号即可。

3）手机相册

　　手机相册是保存图片素材的好帮手，平时看到有用的图片素材可以随手保存到手机相册中，另外还可以将一些素材以拍照或截屏的方式保存到相册中。

2.2.3　对素材库进行分类整理

　　根据前面的内容，我们将素材库按类型分为选题素材库、标题素材库、正文写作素材库和灵感记录素材库。针对这几个素材库中的内容，需要对其进行定期分类整理，以便于写作时快速查找和使用。

　　建议一周整理一次素材库，整理时将手机中保存的素材上传到电脑中，并建立多个细分的分类文件夹进行统一管理，整理时要注意文件夹的命名方式。命名时可以加上序号或日期，以呈现素材的优先顺序，比如 A01－××、A001－××；第 1 周－××、第 2 周－×× 或 20191015××、20191120×× 等。按照日期方式整理的素材库，如图 2-13 所示。

名称	类型	修改日期
20191014 心理学家：女人需要五大，男人需要三粗	文件夹	2019-10-15 18:04
20191013 心理测试：你第一眼看到了什么？测试你是否有人格分裂倾向	文件夹	2019-10-15 18:04
20191012 日本心理学专家告诉你：复原力高低，决定了你的人生层次	文件夹	2019-10-15 18:04
20191011 《人间值得》90岁心理医生老奶奶想跟你说：人生不必太用力	文件夹	2019-10-15 18:04
20191010 心理学上认为：一个人，在这四方面"装傻"，说明他不是一般人	文件夹	2019-10-15 18:04
20191009 心理学：假如你被"绑架"，跑哪条路？看你是真聪明还是假装聪明	文件夹	2019-10-15 18:04

图 2-13　按照日期方式整理的素材库

　　以日期进行区分的素材建议按照递减的方式进行排序，这样能保证最新的文件夹排在前面。分类时，还可以按照文件的内容性质进行归类。其中，图片类素材可按照格式来进行分类，如 .jpg、.png、.gif 等；也可按照使用场景、来源或类型进行分类，如人物、风光旅行、节日节气，来源－图库、来源－微信，插画、海报、摄影等。

具体在进行素材分类时可根据个人习惯来分，只要能保证自己可以快速找到所需资源即可，过时或无用的素材要及时清理，以免占用空间。

对于不方便整理到电脑中的线上素材，最好建立多个细分标签，比如将收藏在微信中的文章按图 2-14 所示的方式分类。

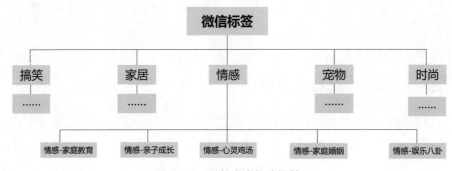

图 2-14　微信文章细分标签

2.2.4 新媒体素材的分类存储

收集到的新媒体素材除了可以保存在电脑中外，还可以保存到网络工具中，比如网盘，避免因电脑故障等问题导致素材丢失。这里以百度网盘为例，来看看如何存储素材。

百度网盘是一款云存储工具，支持存储图片、视频、文档等资料，具有存储空间大、速度快的优势。百度网盘有网页端、PC 端和手机端，支持账号同步，下面以手机端为例，来看看如何存储素材。安装百度网盘并登录，在首页单击 + 按钮，在打开的页面中选择上传类型，这里单击"上传照片"按钮，如图 2-15 所示。

图 2-15　登录百度网盘

在打开的手机相册中选择图片，单击"上传"按钮，如图 2-16 所示。

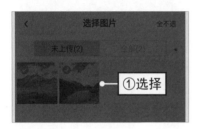

图 2-16　上传图片

在百度网盘中存储素材时，也可以建立多个分类文件夹，将素材分门别类地进行存储。在首页单击 + 按钮，在打开的页面中单击"新建文件夹"按钮，在打开的对话框中单击"创建"按钮即可新建文件夹，如图 2-17 所示。

图 2-17　新建文件夹

新建文件夹后，可根据文件夹存放的素材类型对其进行命名。根据素材存放的层级，在该文件夹下还可以新建子文件夹。一般来说，文件夹目录层级为 3 级比较合适，如果目录层级过多则会影响素材的调用。

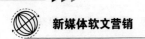

2.3 新媒体人找选题的方法

很多创作者常常会陷入找选题的困境，实际上，找选题并不是盲目地去找，也有一定的方式方法。善用这些方法可以帮助创作者更快地找到合适的软文选题。

2.3.1 从用户需求中找选题

软文是写给目标人群看的，因此选题可以从目标用户的需求中寻找，那么如何了解用户需求呢？具体有以下几种方法。

1）用户洞察数据

从权威机构发布的用户洞察数据中，可以了解到用户的一些喜好，比如根据《2018 微信数据报告》，可以了解微信平台用户对内容的一些偏好。表 2-2 为《2018 微信数据报告》中显示的不同年龄段微信用户内容阅读偏好。

表 2-2　不同年龄段微信用户内容阅读偏好

年龄段	内容偏好
90 后	阅读内容从 3 年前爱看娱乐八卦，转向生活情感
80 后	阅读内容与 3 年前一致，始终关心国家大事
55 岁以上人群	3 年前热爱阅读励志文化，3 年后关注养生健康

通过表 2-2 的内容，再结合用户画像，就可以初步了解用户喜欢什么样的内容，比如公众号的粉丝多是 90 后，那么文章选题就可以从生活情感内容中筛选。

此外，根据艾瑞咨询发布的《2017 年中国网民消费升级和内容升级洞察报告》也能看出用户对内容的一些偏好。图 2-18 为 2017 年网民对不同类别资讯偏好分布。

图 2-18　2017 年网民对不同类别资讯偏好分布

通过图 2-18，可以了解到网民对内容的一些需求，比如其中显示网民对热门资讯的关注度最高，健康类资讯的关注率提升最大，那么在进行内容选题时，就可以从热门、社会、健康资讯中去找。

用户洞察报告可以从数据研究机构、各大平台官网，以及一些数据资讯类网站中获取。以艾瑞咨询为例，进入艾瑞咨询（https://www.iresearch.com.cn/）官网首页，单击"研究报告"超链接，在打开的页面中单击"用户洞察"超链接进行报告的筛选，如图 2-19 所示。

图 2-19　进入艾瑞咨询首页

在筛选结果下方可以查看到不同用户洞察报告，单击"立即查看"按钮可以查看报告的具体内容，如图2-20所示。

图2-20　查看用户洞察报告

2）用户评论

通过用户评论，也可以了解到粉丝对内容的需求。以微信公众号为例，创作者要经常关注用户的评论，在这些评论中可以了解用户对内容的需求以及喜好。图2-21为公众号推文评论。

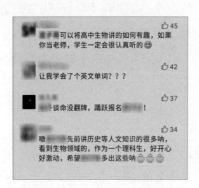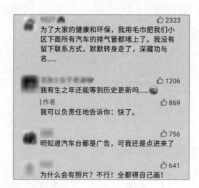

图2-21　公众号推文评论

从图2-21的用户评论中可以看出，粉丝对于生物类知识、历史知识都是比较感兴趣的，那么在后期进行文章选题策划时就可以考虑这方面的内容。

3）粉丝交流

创作者可以通过与粉丝私聊了解粉丝喜欢什么、平时关注什么，然后将与粉丝交流过程中获取的选题灵感收集起来。此外，也可以在粉丝社群中了解粉丝对内容的需求。

4）换位思考

有时挖掘目标用户群体的需求，需要通过换位思考的方式寻找，以创业类账号为例，目标群体主要是创业者、企业家、投资者以及欲创业人群等。那么针对这些目标群体，从他们的角度思考，对于创业他们有哪些难题或痛点，比如不能识别创业项目的投资价值、缺乏资金、不会写商业计划书、不懂团队运营等。

针对以上思考的痛点，可以衍生出很多选题，比如如何找对创业方向、为什么初次创业成功率低、商业计划书怎么写才靠谱、小公司如何管理好团队等。如果再对这些选题进行深挖又可以找到更多的选题，比如商业计划书怎么写这个选题，还可以将商业计划书案例分析、投资亮点的提取等内容作为选题。

要想通过换位思考找到精准的选题，这就需要我们足够了解自己的目标群体，同时对所处的行业也有深入的认识。同时，在思考选题时要学会联想，从目标群体的真实生活、工作场景联想，这样更能找准目标用户的需求。

2.3.2 根据自媒体定位挖掘选题

发布软文的自媒体账号一般都有明确的定位，根据账号定位可以挖掘出很多选题。以"古典书城"公众号为例，账号定位为分享国学经典、古典文学、历史趣闻、诗词歌赋、名人逸事、秘闻野史、神话传说、风俗礼仪等古典文化知识。

根据以上定位可以挖掘出很多选题，比如对"国学经典"这个关键词进行分析，可以衍生出国学经典故事、国学经典书籍、国学经典读后感、国学常识等内容，以上这些关键词的内容范围还比较宽泛，因此还可以进一步衍生，分别对《论语》《弟子规》《诗经》进行解读，继续进行衍生，比如诗经，可以发散出诗经中与人生有关的名言警句、诗经爱情故事、诗经典故等选题。

通过同样的方法，还可以对"古典文学"这一关键词进行选题的衍生，在具体操作时，可以利用一些工具做选题衍生，比如百度指数。百度指数中的需求图谱工具可以帮助我们做关键词发散，下面来看看如何使用。

进入百度指数（https://index.baidu.com/）首页并登录百度账号，输入要查询的关键词，这里输入"诗经"，单击"开始探索"按钮，在打开的页面中单击"需求图谱"超链接，如图 2-22 所示。

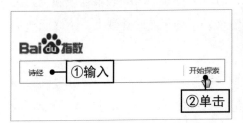 

图 2-22　搜索关键词

在打开的页面中可以查看到与诗经相关的检索词，从这些检索词中可以找到很多选题，比如诗经中最唯美的句子、诗经蒹葭等，如图 2-23 所示。

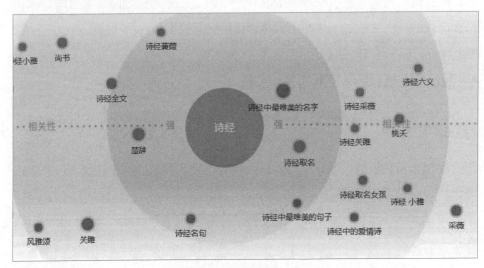

图 2-23　关键词需求图谱

此外，还可以利用长尾词关键词工具进行选题发散，比如熊猫关键词工具（https://www.5guanjianci.com/），进入网站首页后单击"长尾词库"超链接，在打开的页面中输入关键词，按 Enter 键进行搜索，如图 2-24 所示。

图 2-24　搜索关键词

在打开的页面中即可查看到与该关键词相关的长尾词，如图 2-25 所示。

关键词	百度指数	百度移动指数	百度PC检索量	百度移动检索量	百度相关结果数
诗经	6558	5417	12100	9100	395000
诗经取名	2013	1605	4200	3700	22500
诗经中最唯美的名字	2257	2048	1800	1700	10100
诗经全文	1190	1000	1300	1100	25700
《诗经》	243	144	140	100	143000
诗经六义	354	257	120	100	24700
经典诗词	333	238	330	260	572000
经典古诗词	273	180	210	170	94400

为您搜索到"诗经"相关长尾词1363条　　　熊猫长尾词主动发现功能上线&相关答疑 -> 戳我查看

图 2-25　查看长尾词

2.3.3 ▸ 按重要节点做选题策划

每当重要的时间节点来临时，新媒体平台上都会有很多与该节日有关的文章，因此，在策划选题时可以按照时间节点来策划。通过电子日历，可以查看到各时间节点有哪些重要节日，然后将这些节点以时间轴的形式进行标注，如图 2-26 所示。

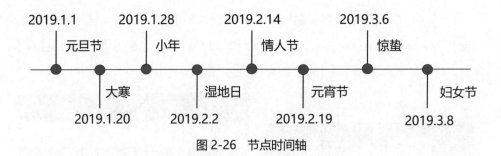

图 2-26　节点时间轴

结合这些时间节点就可以策划选题，比如与情人节有关的选题有礼物创意、约会表白、单身狗、情人节值得去的城市、情人节黑历史等选题。然后再根据要推广产品选出更符合的选题，比如要推广的产品是情人节礼物，那么"情人节送什么礼物才能打动女朋友"，这个选题就比较合适。

有的网站也会提供热点日历工具，通过查看热点日历，可以帮助我们更快速地了解节日热点，下面来看看如何查看。

进入 5ce.com 网站（https://www.5ce.com/）首页，在"单击"前面添加以下文本，在"全网热点"页面中单击"热点日历"旁的"更多"超链接，在打开的页面中单击要查看的月份，如图 2-27 所示。

图 2-27　选择查看月份

在打开的页面中即可查看到与该月份有关的重要节点，如图 2-28 所示。

图 2-28　查看热点日历

与时间节点有关的内容，要在节日当天发才能实现蹭热度、吸引用户阅读的作用，所以热点节日选题需要提前一月或者一周进行策划，这样才能保证节日当天准时发布。

2.3.4 紧跟同行借鉴优质选题

做选题时，可以找与自身账号调性、目标人群相匹配的账号，分析其发布的爆款文章，然后从中找到比较优质的选题。有很多内容服务平台都提供了公众号文章查询功能，下面以新榜为例，来看看如何查询。

进入新榜（https://www.newrank.cn/）首页，单击"登录 / 注册"按钮，在打开的页面中使用微信扫码登录，如图 2-29 所示。

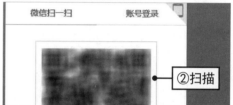

图 2-29　登录账号

账号登录成功后，在搜索框中输入要查询的公众号，单击"搜索"按钮，如图 2-30 所示。

图 2-30　搜索要查询的公众号

在打开的页面中可以查看到与该关键词相关的公众号，单击公众号名称超链接，如图 2-31 所示。

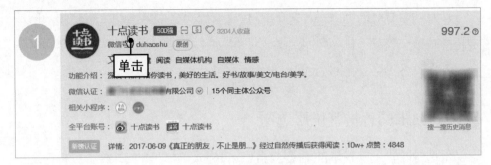

图 2-31　选择公众号

在打开的页面中可以查看到该公众号的 7 天热门文章，以及最新发布的文章，单击文章标题超链接，可查看文章具体内容，如图 2-32 所示。

🔥7天热门	🕐最新发布
如果你越来越沉默，越来越不想说……	离你最近的3个人，决定了你的人生
深夜十点，陪你读书。	深夜十点，陪你读书。
2019-10-13 20:59　头条　　　阅读 10w+　♡ 22248	2019-10-16 21:46　头条
"我49岁，倾家荡产也要离婚"：结婚…	(原创) 这个迷倒无数女人的男人，你
深夜十点，陪你读书。	深夜十点，陪你读书。
2019-10-09 21:50　头条　　　阅读 10w+　♡ 20109	2019-10-16 21:46　次条
"妈在，家就在"：妈妈身体好，是一个…	(原创) 如果生活不好过，劝君多读王
深夜十点，陪你读书。	深夜十点，陪你读书。

图 2-32　查看热门文章

完成以上步骤后就可以进行选题灵感整理了，可以"类型＋选题"的方式整理，如以下选题。

选题 1：情感——现代人的沉默与治愈

选题 2：婚姻——结婚是否要门当户对

选题 3：家庭——母亲要学会爱自己

选题 4：健康——长期熬夜就是为健康埋单

在利用竞品账号找选题时，要注意对账号进行筛选，尽量选择已经有了一定粉丝基础、运营比较成熟和优质的账号，因为这类账号发布的文章相对而言会更加优质，值得借鉴的选题会更多。

我们可以通过新榜查询到的竞品账号的历史文章数、预估活跃粉丝数来筛选，对于一些文章阅读量只有一二十、粉丝数只有一两百的账号要将其去掉。在对目标竞品账号进行爆文选题分析时，可以利用表格对选题进行汇总统计，如表 2-3 所示。

表 2-3　竞品账号选题汇总统计

账号	匹配度		选　题	
A	高	健康－女生体重标准	情感－从微信回复看出为什么会单身	……
B	中	情感－维持成熟男女关系	娱乐－雷人的造型	……
C	一般	美食－锅包肉的做法	美妆－为什么会狂掉头发	……
D	低	健康－产后瘦身要注意什么	健康－如何边走变瘦	……
……	……	……	……	……

对竞品账号要长期观察，了解这些账号平时都发什么内容，哪些选题方向更受粉丝喜欢。除了公众号账号外，还可以对其他平台竞品账号的选题方向进行分析、汇总统计，比如竞品头条号、搜狐号等。

2.3.5　利用新媒体爆文策划选题

利用热门文章做选题与借鉴同行爆文找选题的方法相似，爆文一般在第三方内容服务平台中就可以查看，比如前面提到过的易撰、新榜、微小宝等。以微小宝为例，在"文章排行榜"页面，可以按分类和时间查询热门文章，如图 2-33所示。

图 2-33　查询热门文章

根据筛选结果，找到较匹配的文章，然后再结合自身账号或者产品，尝试对其进行情景转换，找出适合的选题。比如图 2-33 中"离你最近的 3 个人，决定了你的人生走向"这篇文章，该文章主要讲的是身边的人是怎样影响自己人生的，根据这一思路，结合不同类型账号的定位，可以策划出以下几个选题。

职场：与靠谱的人共事，决定了你未来 5 年的职场人生

创业：创业路上，选对人很重要

教育：父母的样子，就是孩子将来的样子

家庭：婚姻里，与三观不合的人相处，究竟有多可怕

2.3.6　历史文章数据筛选选题

在选题策划过程中，除了要学会借鉴他人的选题，还要学会内视自己的选题。对已发布的文章进行分析，了解文章的效果表现，从中找出哪类选题是粉丝喜欢的、哪类选题是粉丝不太感兴趣的，然后根据粉丝喜欢的内容方向进行选题策划。

在分析历史文章时，可以对账号后台的数据进行统计，然后通过数据得出结论，如表 2-4 所示。

表 2-4　历史文章数据统计

标题	位置	阅读量	评论量	点赞量	收藏量	日期
标题 1	头条	1.7 万	8	15	2	2019.10.17
标题 2	头条	4.6 万	67	86	0	2019.10.18
标题 3	次条	1.5 万	0	6	0	2019.10.17
标题 4	次条	1.0 万	56	143	0	2019.10.18
……	……	……	……	……	……	……

　　根据账号后台提供的数据，还可以在表格中增加送达人数、分享至朋友圈等数据项。历史文章的数据统计可以一个月或一周统计一次，主要根据文章发布频率确定，如果每天都要发布文章，统计周期应稍短，比如两天、一周统计一次，如果一周发布一次文章，那么可以一个月统计一次。

　　历史文章数据统计表最好在 Excel 中制作，因为在 Excel 中可以根据数据项进行文章的排序，比如要了解哪些选题方向是粉丝喜欢看的，那么就可以按阅读量来对文章进行排序。选中阅读量单元格，右击，在弹出的快捷菜单中选择"排序 / 降序"命令，如图 2-34 所示。

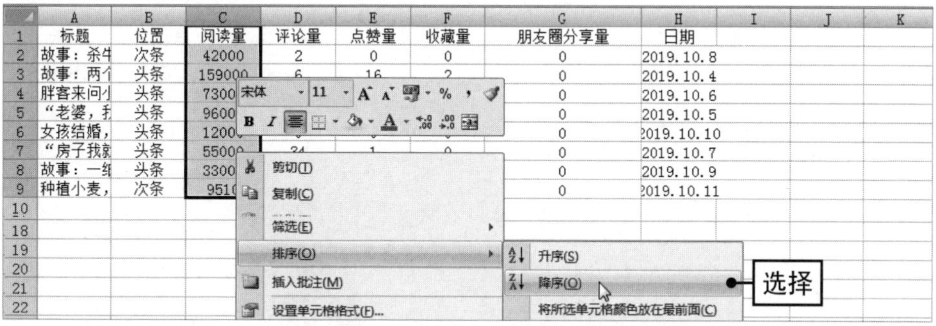

图 2-34　按阅读量对文章进行排序

　　按照相同的方法，如果要查看哪些内容是粉丝比较喜欢互动的，那么就按评论量进行排序；要查看哪些内容是粉丝喜欢分享的，就按朋友圈分享量排序。根据统计得出的数据，需要总结用户喜欢的选题方向，总结时也可以利用表格进行统计，如表 2-5 所示。

表 2-5　历史文章数据总结

项目	标题	选题方向	标题	选题方向
阅读量表现好	标题 1	娱乐－×××	标题 2	情感－×××
点赞量表现好	标题 3	情感－×××	标题 4	育儿－×××
收藏量表现好	标题 5	教育－×××	标题 6	职场－×××
评论量表现好	标题 7	创业－×××	标题 8	情感－×××
……	……	……	……	……

　　通过历史文章数据总结表可以直观地看出哪些选题方向效果表现更好，然后再根据这些方向策划新的选题。

2.3.7　制作调查表收集文章选题

　　在不知道写什么样选题的时候，还可以通过用户调研的方法收集选题。我们可以在文章中插入调查表以了解用户喜欢看什么样的文章，如图 2-35 所示。

图 2-35　内容投票调查表

除此之外，还可以以互动评论的方式收集选题，如图 2-36 所示。

图 2-36　互动评论方式收集选题

对于公众号，可以使用微信公众平台提供的投票工具创建调查表，具体操作方法如图 2-37 所示 。登录微信公众平台（https://mp.weixin.qq.com/），单击"投票管理"超链接，在打开的页面中单击"新建投票"按钮。

图 2-37　进入投票管理页面

在打开的页面中设置投票名称、截止时间、投票权限、问题，单击"保存并发布"按钮，如图 2-38 所示。

图 2-38　设置投票内容

保存并发布后，在编辑微信文章中将该投票插入文章中即可。如果要在其他新媒体平台上发起投票，可以利用第三方投票工具，然后将创建好的投票生成链接或者二维码插入文章中，下面以问卷网为例。

进入问卷网（https://www.wenjuan.com/）并登录，单击"免费使用"按钮，在打开的页面中单击"新建"按钮，如图2-39所示。

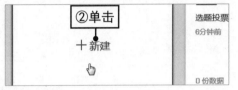

图 2-39　进入问卷网首页

进入项目创建类型选择页面，选择"投票评选"选项，再单击"空白创建"按钮，如图2-40所示。

图 2-40　选择项目类型

在打开的页面中输入投票名称，将题型拖入右侧选项框中，如图2-41所示。

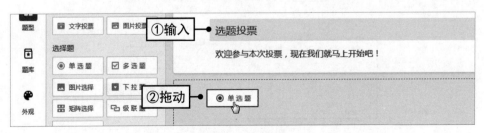

图 2-41　设置题型

设置选项和问题，完成后单击"发布并分享"按钮发布问卷，如图2-42所示。

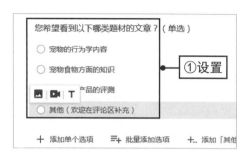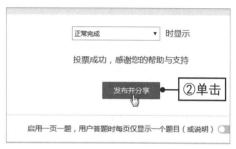

图 2-42　发布并分享问卷

2.4 借势做热门话题内容

新媒体人要善于借势蹭热点，文章中如果有热点话题，往往能吸引更多的读者关注。在追热点的过程中，创作者要对热点进行分析，明确哪些热点可以追、哪些热点符合其自身的调性。

2.4.1 收集新媒体热点话题

热点都具有很强的时效性，因此热点信息的收集要及时，我们可以通过一些热点工具收集热门话题，具体有以下几种。

1）新媒体管家

新媒体管家（https://xmt.cn/）中的营销日历是找热点的好工具，它囊括了节日、互联网科技、纪念日、教育考试等热点事件，不同类型的热点事件以颜色区分，取消选中不同类型事件的单选按钮，可以将该热点事件在营销日历中隐藏。

进入新媒体管家首页，选择"工具／营销日历"选项，在打开的页面中即可按日期和类型查询热点事件，如图2-43所示。

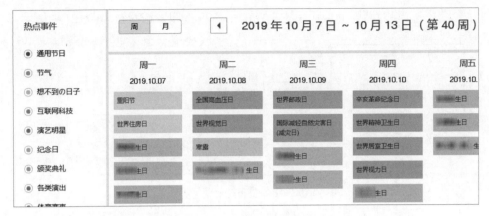

图 2-43　查看热点事件

2）爱微帮

爱微帮（http://www.aiweibang.com/）提供的热点工具支持每日热点、百度热搜、微博热搜、历史热点等的查询。进入爱微帮首页，单击"查看更多热点"超链接，即可进入热点查询页面，单击不同的热点可跳转至相关网页，如图 2-44 所示。

图 2-44　查看每日热点

3）微博热搜

微博是很多新媒体人找热点常用的工具，微博热搜榜每天都会有新鲜、热门的资讯，进入微博搜索（https://s.weibo.com/）页面，在搜索框下拉菜单中单击"完整热搜榜"超链接即可查看到完整热搜榜单，如图 2-45 所示。

图 2-45　微博热搜榜

除此之外，微博中的热门话题也是找热点的工具，在热门话题页面，可以通过分类进行话题筛选，如本地、社会、互联网等，如图 2-46 所示。

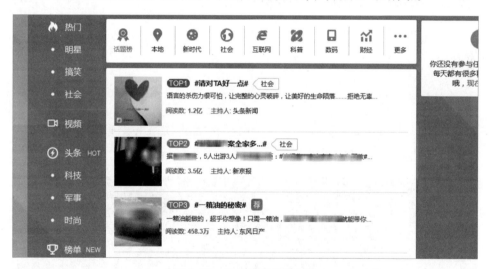

图 2-46　热门话题分类筛选

4）知乎热榜

知乎（https://www.zhihu.com/）是一个问答社区，很多新媒体爆款文章中的热门话题都来源于知乎。知乎也有热榜，包括社会热点、生活痛点、校园职场等热门内容。进入知乎首页后，单击"热榜"超链接即可，如图 2-47 所示。

图 2-47　知乎热榜

除了以上工具外，使用今日热榜（https://tophub.today/）、百度风云榜（http://top.baidu.com/）等工具，也可以收集热点资讯。

2.4.2 使用热点分析工具解析热点

收集到相关热点后，还需要对热点进行分析，了解该热点事件的前因后果以及热度变化情况等，常用的工具有以下几种。

1）知微事见

知微事见（https://ef.zhiweidata.com/）会给出近期热点事件的热度走势图，这可以帮助我们了解热点事件的热度趋势，如图 2-48 所示。

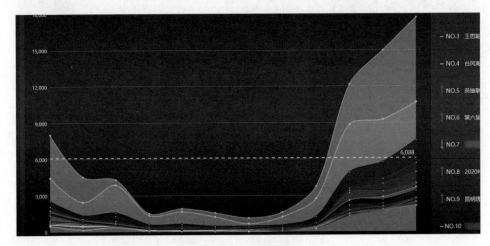

图 2-48　热度趋势

单击具体的热点事件超链接，还可以查看到该热点的事件概况、传播趋势、重要渠道、人群画像等内容，如图 2-49 所示。

图 2-49　热点事件概况

2）百度指数

前面我们知道通过百度指数可以查询关键词的需求图谱，对于热点话题，可以通过百度指数了解其搜索指数，另外，还可以添加对比词，对比不同词汇的指数走向，如图 2-50 所示。

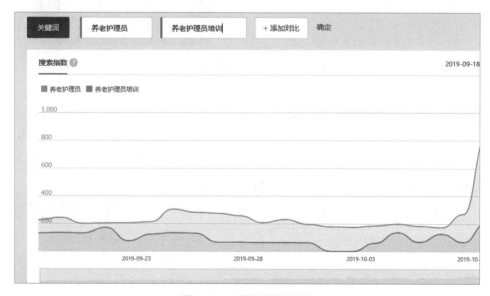

图 2-50　关键词搜索指数

3）微信指数

微信指数是微信官方提供的移动端指数查询小程序，可以帮助新媒体人了解关键词的热度变化。打开微信指数小程序，在搜索框中输入要查询的热点关键词，单击"搜索"按钮，如图2-51所示。

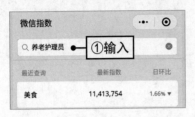

图2-51　进入微信指数小程序

在打开的页面中可以查看到该关键词的指数详情，单击"添加对比词"超链接，在打开的对话框中输入要对比的词汇，单击"对比"按钮可添加对比词，如图2-52所示。

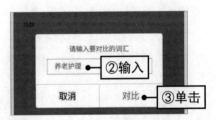

图2-52　添加对比词

4）头条指数

通过头条指数，可以了解今日头条上该关键词的热度指数、人群画像以及关联关键词数据。进入头条指数（https://index.toutiao.com/）首页，输入要查询的关键词，单击"搜索"按钮，如图2-53所示。

图2-53　进入头条指数首页

在打开的页面中可以查看到该关键词的趋势图，时间和地域支持自定义设置，如图 2-54 所示。

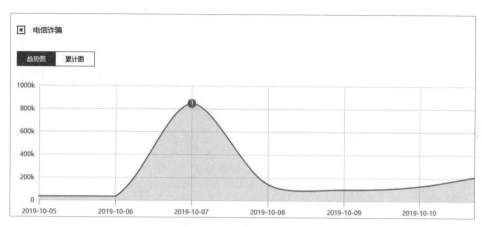

图 2-54　关键词热度趋势

2.4.3　如何判断热点是否可追

在筛选和分析热点时，新媒体人要学会判断该热点是否可追，具体可从以下几点来分析。

1）是否具有话题性

话题性是指一个热点是否具有争议，是否能得到用户的讨论。一般来说，一个热点如果没有争议，网友的意见都保持一致，那么这个热点即使现在比较火，也不会有太久的持续性。

一个热点有没有话题性可通过网友的评论了解，以微博热搜榜为例，单击热搜榜中的热点超链接，如图 2-55 所示。

图 2-55　选择热点

在打开的页面中查看该热点下的第一条微博评论，了解网友对该热点的态度，如图2-56所示。

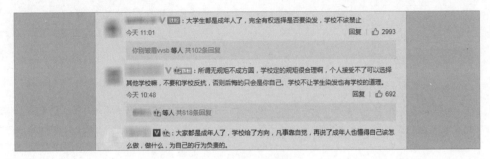

图2-56 热点评论

从图2-56中的内容可以看出，针对该热点，不同的网友有不同的看法，那么该热点就具有一定的争议性。除此之外，就是看该热点是否可延展，比如"大学该不该禁止学生染发"这个话题，就可以延展出"是否可用头发颜色定性一个人的好坏""大学有资格限制学生染发吗""校园是文明场地，染发没有学生样"等话题。

2）是否具有传播性

具有传播性的热点内容才能引起网友的转发、分享，一个热点是否具有传播性可从以下几个方面判断。

◆ **是否有价值**：这里的价值是指该信息是否能为他人提供帮助，比如知识学习、开怀一笑、情感表达等。

◆ **是否能表达一种现象**：如果一个热点能反映一种社会现象，那么很多有相似经历的网友就会感同身受，愿意去传播分享。

◆ **是否简单**：现在人们的阅读基本上都是浅碎片化的，因此热点话题不宜太深奥，简单的内容更容易得到传播。

3）是否有热度

不同的热点也有热度高低之分，通过前面提到的百度指数、微博热搜、知微事见等工具，就可以查看不同热点的热度。一般来说，尽量选择热度高的热点内容。

4）是否具有相关性

相关性是指一个热点是否与目标群体、账号定位、产品等相关。对于与品牌、受众不匹配的热点，再好也没有追的必要，因为软文的最终目的还是营销推广。比如"英雄联盟手游正式公布"这个热点，如果目标受众并不是游戏爱好者，那么就没有追的必要。

 小贴士

新媒体人在蹭热点时要注意，有的热点是不能蹭的，包括价值取向有问题的热点、与时政时事有关的热点、与公众英雄有关的热点、信息不准确或未经官方证实的热点、低俗的热点，这几类热点都不能拿来做营销，否则很可能带来负面影响。

2.4.4 用雷达图筛选热点选题

找到合适的热点选题后，可以利用雷达图对热点选题进行评估。操作时，先按照相关性、传播性、话题性、热度、受众面为热点选题打分（见表2-6），然后再制作雷达图，根据雷达图综合判断使用哪些热点选题。

表 2-6　热点选题评估（分值为 0～100 分）

热点选题	相关性	传播性	话题性	热度	受众面
热点选题 1	20	10	30	90	20
热点选题 2	90	50	70	40	60
热点选题 3	10	40	20	30	15
热点选题 4	65	70	25	25	40
热点选题 5	15	20	30	40	65

通过表 2-6 的数据，可以在 Excel 中制作出如图 2-57 所示的雷达图。

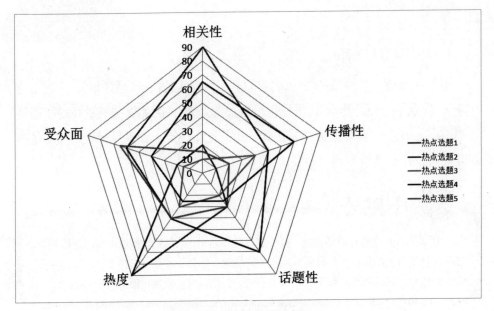

图 2-57　热点选题评估雷达图

从图 2-57 可以看出，热点选题 1 热度很高，但相关性和传播性都比较低；热点选题 3 的所有数据都表现平平；综合比较来看，热点选题 2 是比较好的选题，相关性很高，也有一定的受众面和话题性。

 小贴士

对新媒体热点选题进行打分，可以结合在知微事见、百度指数、微博等工具中查询到的数据进行评分，分值可以设置为 0 ~ 100 分，也可以设置为 0 ~ 10 分。

软文标题
的撰写

第3章

标题对于软文具有非常重要的意义，内容完全相同的两篇文章，标题不同，其阅读量可能会相差几千，甚至上万，吸引人的标题不仅能提高文章的打开率，还有利于软文在新媒体平台上传播。

➤ 符合新媒体传播特性

➤ 标题要明确两大原则

➤ 取好标题的几个要素

➤ 优质标题的检验方法

➤ 判断标题好坏的两个指标

➤ 从内容定位中挖掘关键词

➤ 将关键词组成长短标题

➤ 对软文标题进行优化

➤ 6种取标题的套路

➤ 让标题更吸睛的技巧

➤ 利用工具快速生成标题

➤ 一用即会的标题模板

3.1 明确优质标题的标准

在信息泛滥时代，人们获取的资讯信息都是碎片化的，对于那些受众觉得没有价值的信息，他们都会自动过滤，而决定他们是否阅读这篇文章的关键就是标题，优质的标题能提高软文的打开率，那么什么样的标题才是优质的标题呢？

3.1.1 符合新媒体传播特性

优质的软文标题应该是符合新媒体传播特性的，总体来看，新媒体平台上的优质标题具有以下两个特点。

1）精简

对于标题，人们在阅读时通常只停留几秒的时间，因此为了在有限的时间内吸引受众，新媒体软文的标题都不会太长。图 3-1 所示为阅读量在 10 万 + 以上的文章标题，可以看出它们的字数都不多。

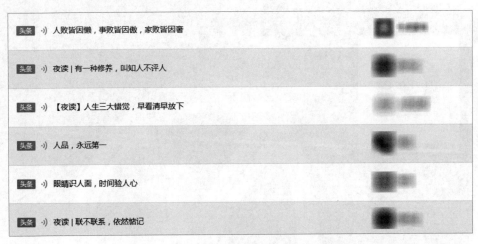

图 3-1　阅读量在 10 万 + 以上的文章标题

另外，在很多新媒体平台上，对标题的显示也有长度的限制，太长的标题尾部会被折叠，无法显示完全。图 3-2 所示为微信公众号标题显示方式，其头条最多能显示 34 个字，次条最多能显示 28 个字，超出的部分会被 "……" 代替。

图 3-2　微信公众号标题显示方式

在朋友圈分享的文章，标题显示也会有长度的限制。此外，在搜索引擎中搜索文章，太长的标题也会被部分折叠，以百度搜索引擎为例，最多能显示 30 个字。受新媒体平台标题展示方式的影响，优质软文的标题应该是精简的。

2）网络化

很多优质的新媒体软文标题都具有网络化的特征，在标题中加入流行语、双关语或者热词等，以便让标题更适合在新媒体上传播，如图 3-3 所示。

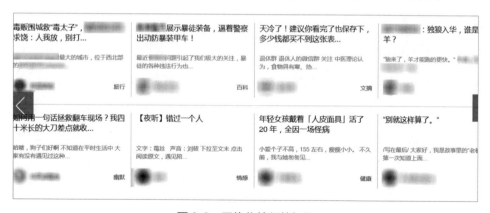

图 3-3　网络化特征的标题

3.1.2 标题要明确两大原则

在为软文起标题时，要明确两个重要的原则，一是标题要与文章内容相关；二是标题要符合事实。

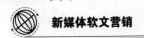

1）与文章内容相关

标题实际上是对文章内容的一种概括和提炼，任何类型的软文，其标题都要与文章内容相关。在新媒体平台上，可以看到很多标题看着很好，但实际内容是与标题不符的文章。这样的文章常常以夸张的标题赚取点击量，读者在阅读后会感觉受到了欺骗。软文创作者一定要避免取与内容不符的标题，这样的标题会降低读者对你的信任，也会影响软文的营销效果。

一篇软文的标题应该让读者在阅读时就能了解到文章的主旨，而正文内容则要回归标题，范例如下。

范例借鉴

标题1：千万别在朋友圈问这些问题，你会后悔的！

主要内容1：以图片的形式展示朋友圈中的神回复。

标题2：红豆原来可以做这么多美食，20几款简单又好吃的精致小点心！

主要内容2：讲述红豆的20多种点心做法，包括彩虹豆沙贝壳酥、豆沙馅草饼、山药豆沙卷等。

标题3：绝不能放进微波炉的10样东西，最后一个太意外

主要内容3：先介绍微波炉的加热方式，然后介绍哪些东西不能放进微波炉，如鸡蛋、金属餐具等，最后一个是什么也不放，与标题的"最后一个太意外"相照应。

从以上范例可以看出，它们的标题和内容都是能相互呼应的，这样的标题就是合适的标题。

2）符合事实

软文标题所阐述的内容应遵循符合事实的原则。有的创作者为赚取点击量，故意取歪曲事实、耸人听闻的标题，这样的做法是不可取的。特别是追热点事件的软文，标题更不能脱离事实或捏造事实，应该先了解事件的来龙去脉，然后以该事件的真实事实为依据撰写标题。

3.1.3　取好标题的几个要素

标题要让读者感兴趣是有一定方法的，取标题的时候，把握以下五大要素，可以让标题对目标群体更有吸引力。

1）在标题中体现价值

对很多目标受众来说，他们更倾向于阅读对自己有价值的内容，因此如果在标题中能够体现这篇文章带来的价值，受众将会更有兴趣点击，比如以下标题。

范例借鉴

马桶上一大一小的按钮要怎么按才正确？

夯实基础：3 个技巧帮你搞定基础发酵

怎么根据你的年龄选择酸类产品？

衣服标签里竟藏着这些秘密，买衣服的技巧你都 get 到了吗？

2）在标题中引起情感共鸣

在标题中引起用户的情感共鸣也能让目标群体忍不住点击阅读，情感类软文在撰写时就要多考虑这一要素，思考如何通过标题调动受众的情绪，比如以下标题就能够让人产生共鸣。

范例借鉴

不爱发朋友圈的人，都在想什么

"你会嫁给谁，早就命中注定了？"

爱自己，是人生的一场必修课。好好爱自己，才是最聪明的投资

"妈，谢谢你一直都想拆散我们"：女儿一封信戳痛无数人

3）在标题中引起好奇心

每个人都有好奇心，如果标题能激发读者的好奇心，那么文章的打开率将会得到很大的提高，比如以下标题就能很好地引发读者的好奇。

范例借鉴

据说，辅导作业已成亲子关系第一大"杀手"

微胖女孩有多可爱？（100 斤以下勿进）

小学生背着葱上学……网友评论亮了！

连续一个月熬夜到 12 点，有什么后果？头秃都是小事

4）在标题中强调卖点

对于产品种草类软文来说，在标题中强调卖点会对潜在买家有足够的吸引力，同时，也能让读者快速了解产品优势，如以下标题。

范例借鉴

曾让胎记变淡！用来美白、淡斑简直小意思

人人都能驾驭的踝靴，时髦百搭，还显腿长！

一口润喉，两口养胃，秋天喝它就对了

羊绒做的打底袜，显瘦又保暖，80～170 斤都能穿

5）在标题中强调相关性

这里的相关性是指标题要让读者觉得与他有关，这样会大大提高目标受众的阅读欲望，如以下标题。

范例借鉴

如果你家孩子正处于 7～15 岁，请用心培养这一点，将来不吃亏！

21 岁，刷手机进 ICU：不良习惯，真的会要命

"我 49 岁，倾家荡产也要离婚"：结婚，真的要看看家境

这种病死亡率最高可达 90%，每个女人都有可能遇到

3.1.4 优质标题的检验方法

在撰写好标题后，还需要对标题进行检验，了解哪个标题更适合新媒体平台，检验方法有以下两种。

1）内部自测

创作者可以将拟好的标题进行内部自测，让同事对标题进行打分或者投票，然后根据投票结果综合选择合适的标题，如图 3-4 所示。

图 3-4　最吸引人的标题投票

2）换位思考

取好标题后，创作者可以站在读者的角度进行思考，看这个标题是否能对自己产生吸引力。如果看了标题后，有想要阅读的欲望，那么这个标题就是合适的标题。具体操作时，先将同一篇文章的标题罗列出来。

标题 1：网络刷单不可信，小心构成共同犯罪

标题 2："我的室友像被洗脑了一样……"这件事居然涉嫌违法

标题 3：兼职就能月入上千甚至过万？大学生被骗 5000 元

标题 4：警惕这样的刷单骗局

然后从目标用户的角度出发，看哪个标题更能吸引自己，比如标题 2 就是比较吸引人的。

3.1.5 判断标题好坏的两个指标

标题在发布后，可以用两个数据指标判断标题是否优质，即打开率和分享率。

1）打开率

打开率是指用户打开文章的比率，这一指标可以反映标题是否足够吸引人。一般情况下，可以用"（图文阅读总人数／图文送达人数）×100%"得出打开率。然后通过打开率数据判断标题的好坏，但实际情况下，打开率还可能受文章封面、摘要等的影响，这里暂不考虑其他影响因素。

比如一篇软文的图文阅读总人数为 6045，图文送达人数为 86949，那么打开率就为 6.95%（6045÷86949×100%）。打开率越高，说明标题越吸引人。一般来说，服务号的打开率会高于订阅号，图文页头条的打开率会高于次条。

在利用打开率判断标题的好坏时，可以与历史平均数据进行比较，看该条图文的打开率与历史平均数据相比，是高还是低，如果远低于历史平均数据，那么该篇图文的标题就可能存在问题。

此外，还可以与行业平均数据相比较，以公众号为例，根据侯斯特发布的《2019 年第二季度图文群发数据报告》显示，微信图文整体平均打开率为 1.73%，图文顺位打开率的表现如表 3-1 所示。

表 3-1　2019 年第二季度公众号图文顺位打开率

顺位	打开率（%）	顺位	打开率（%）
第一篇图文	3.76	第四篇图文	0.57
第二篇图文	1.27	第五篇图文	0.87
第三篇图文	0.70	第六篇图文	0.63

续表

顺位	打开率（%）	顺位	打开率（%）
第七篇图文	0.73	第八篇图文	0.27

表 3-2 为 2019 年第二季度，不同行业公众号图文平均打开率数据对比。

表 3-2　2019 年第二季度不同行业公众号图文平均打开率

行业	平均打开率（%）	原文打开率（%）	行业	平均打开率（%）	原文打开率（%）
家居家装	27.16	0.16	体育 / 运动健身	5.88	0.88
艺术 / 设计 / 摄影	11.13	0.00	房地产	5.64	0.37
O2O	6.70	6.46	医疗护理	4.35	0.82
自媒体	1.83	0.24	本地城市	2.58	0.16
金融	0.80	1.46	汽车	2.44	0.24
商超连锁	0.87	0.17	零售	2.44	0.99
网络游戏	2.40	0.96	餐饮	2.21	0.76
母婴	2.12	1.02	互联网	1.31	0.71
电商	1.13	0.35	IT	1.41	1.57
文化历史	1.36	6.78	婚恋交友	1.13	2.85
教育培训留学	1.74	0.26	酒店旅游	1.29	0.39

从表 3-2 可以看出，不同行业其图文的打开率会有所不同，新媒体人可以结合自身行业对比打开率，判断标题是否足够吸引人。

2）分享率

分享率是指读者在阅读文章后，愿意分享的概率，计算公式为"（分享转发次数 / 文章阅读次数）×100%"。分享率反映了文章是否能打动读者，其中标题是影响分享率的一个重要因素。

分享率同样可以与历史平均数据和行业平均数据相比较,以判断软文的二次传播效果是好还是坏,根据《2019 年第二季度图文群发数据报告》显示,公众号总体图文分享率为 2.52%,行业平均数据如表 3-3 所示。

表 3-3　2019 年第二季度不同行业公众号图文平均分享率

行业	分享率（%）	行业	分享率（%）	行业	分享率（%）
家居家装	11.88	体育 / 运动健身	4.53	艺术 / 设计 / 摄影	2.94
房地产	7.48	O2O	3.34	医疗护理	6.54
自媒体	0.90	本地城市	2.15	金融	3.41
汽车	2.45	商超连锁	4.14	零售	1.46
网络游戏	0.44	餐饮	2.45	母婴	3.75
互联网	2.65	电商	3.29	IT	1.60
文化历史	3.00	婚恋交友	0.51	教育培训留学	4.85
酒店旅游	2.61	网络游戏	0.44	生活服务	2.02

3.2　软文标题名称的写作步骤

软文标题的写作是有一定方法可寻的,一般会先提取关键词,然后根据提取的关键词撰写完整的标题,最后对标题进行内部测试,看哪个标题更具有吸引力。

3.2.1　从内容定位中挖掘关键词

标题关键词按照不同的标准可以分为多种类型,从内容定位中挖掘关键词时,可以根据不同的类别来选择。

1）按热门程度

按照热门程度可将标题关键词分为热门关键词、一般关键词和冷门关键词。热门关键词是指搜索热度较高的关键词，如与热门事件、热门舆论有关的关键词；一般关键词是指搜索热度一般的关键词，主要是一些常规关键词；冷门关键词是指搜索热度较冷的关键词，比如专业术语、行业词汇等。

2）按属性分类

按照关键词属性，可将关键词分为通用关键词、时间关键词、产品关键词、竞品关键词、谐音关键词等。

- （1）**通用关键词**：是指行业中大家经常使用的词汇。比如教育行业中，通用关键词就有培训、学习等。
- （2）**时间关键词**：是指与时间有关的关键词。比如最近、2019年、10月等，这类关键词能够体现时间上的联系。
- （3）**产品关键词**：是指与产品有关的关键词。比如旅游行业中，与产品有关的关键词就有一日游、国内游等。
- （4）**竞品关键词**：是指与竞争对手有关的关键词。比如竞争对手品牌名、产品名等。
- （5）**谐音关键词**：是指将某个字或某个词以谐音代替的关键词。比如一网情深（一往情深）、勇汪直前（勇往直前）等。

了解了关键词的一些分类方法后，下面来看看如何从内容定位中挖掘关键词。在挖掘关键词时，要找文章中吸引人的话题，或者能刺激用户的引爆词，下面来看一篇文章的主要内容。

范例借鉴

主要内容：从留守儿童的角度，讲述缺失父母的爱对他们的影响。

开头：每个人身边或许都有与父母关系很疏离，但却渴望被父母关心的人——留守儿童。

第一个例子：在爷爷奶奶身边长大的90后留守儿童的故事。成年后去工厂做流水线工作，后为了挣钱去大城市打工，结果仍未挣到钱。失落感使他沉溺于网络世界，因为能带给他安全感。他不想家，觉得自己一直是一个人，贫穷、无栖身之所，也不考虑老了会怎么样，认为老了就死了。

第二个例子：朋友的故事。小时候父母很少管他，大学时也很少主动联系父母，同时也不合群，不愿让他人靠近。因为缺爱，对于周围的事情都格外敏感，在恋爱中也自卑没有安全感，不懂表达爱，却也渴望得到更多的爱。

第三个例子：朋友的故事。小时候父母常年不在家，与父母通话，一般都是是否听话、学习好不好的话题。于是努力学习，以为成绩考得好，父母就会回家。结果考了好成绩告诉父母后，却得到父母忙无法回家的回复。最后渐渐不再向父母分享喜悦，自己的事自己做主，大人觉得这是懂事，但是孩子却越来越感到孤独，也不愿再和父母交流。

结尾：目前还有很多留守儿童，如何帮助他们？插入帮助留守儿童温暖活动和品牌。

从上述内容框架中，可以总结出几个能吸引读者的词，包括留守儿童、缺爱、死亡、贫穷、无栖身之所、安全感、孤独、性格敏感、恋爱、与父母关系疏离、90后、懂事的小孩子等。

3.2.2 将关键词组成长短标题

根据总结出来的关键词，我们需要将关键词完善成长标题或短标题。在完善标题时会发现，有的关键词可能只是无用辅助词，对于这些词汇，我们需要将其去除，有用的关键词则进行组合、修饰，以形成短语。

比如根据上小节范例中总结的关键词，可以形成以下短语：缺爱的留守儿童、90后留守儿童、别无栖身之处的90后、从小缺乏安全感的孩子、自卑的恋爱、性格孤僻不合群、安全感缺失等。

挖掘出来的关键词和形成的短语，需要结合文章主旨创作出完整的标题，一般来说，会取多个标题作为备选，最终再挑选出最合适的标题，比如根据以上短语，可以写出以下几个标题。

第一批留守儿童，后来都怎么样了？

别无栖身之处的 90 后，戳破千万孩子的痛

缺失的爱，让我活成了父母害怕的样子

孤僻、不合群、缺乏安全感：如果可以，我也希望被关爱

我不想成为懂事的小孩子

不要等到孩子长大了，才想到弥补爱：不好意思，晚了

我努力学习只为了见爸妈一面

不爱父母，正常吗？

 小贴士

　　在创作完整标题时，要学会充分利用标题素材库中收集的标题，通过结合优质的标题，找到标题创作的灵感。

3.2.3　对软文标题进行优化

　　创作出备选标题后，还需要对标题进行进一步的优化。在对标题做优化时，有时需要做减法，有时需要做加法，有时需要使用替换法，最终都是为了让标题更具吸引力。

　　做减法是指将一些不合适的标题去除，或者对标题进行精简，比如"孤僻、不合群、缺乏安全感：如果可以，我也希望被关爱"这个标题，在优化时觉得其并不能体现内容亮点，也无法吸引点击，那么就可以将其去除。如果觉得标题太长了，那么就可以进行精简，比如将该标题精简为"我也渴望被关爱"。

　　做加法是指在标题中加入一些元素，比如数字、时间、热词等，如对"不爱父母，正常吗？"这个标题做加法，可以得到以下两个标题。

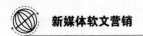

我 27 岁，不爱父母，正常吗？

不爱父母，正常吗？知乎破万赞回答：不爱父母也很正常

替换法是指对标题中不太好或者不太吸引人的词进行替换，比如将标题"我努力学习只为了见爸妈一面"中的一些词进行替换，可以优化为"我考了第一名，只为见爸妈一面"。

在使用替换法优化标题时，要学会联想，比如"职场加薪"可以替换为"从月薪 3000 到月薪 10000""控制情绪"可以替换为"把情绪戒了吧"。在对标题进行优化后，就可以进行内部投票，从而确定最终选用哪个标题。

3.3 新媒体软文标题写作技巧

在新媒体平台上，想让标题抓住受众眼球，获得阅读量，还需要使用一些标题技巧，如用数字、蹭知名度、利用利益诱惑、制造反差冲击、使用疑问句、使用符号等。

3.3.1 6 种取标题的套路

软文的标题有很多种写作手法，掌握这些标题的写作套路，更有利于我们打造爆款标题。

1）利用反差

利用反差是指在标题中制造对比反差效果，如时间前后的反差、快与慢的反差、认知的反差、群体反差等，标题范例如下。

范例借鉴

标题 1：*广东大爷 10 栋房收租，外卖小哥为 5 块钱崩溃大哭：成人世界是你想不到的心酸*

标题 2：真正情商高的人，都懂得"装傻"

标题 3：这东西重金属超标，为啥那么多人都抢着给娃吃？

标题 4：40 岁创业，近 30 年将公司市值做到 2000 亿元，他认为自己还不算企业家

标题 5：别看有些企业挣得多，其实都是"假利润"

2）利用利益诱惑

利用利益诱惑是指在标题中指出能给予读者某种好处，通过利益吸引读者，如低价、优惠、方法等，标题范例如下。

范例借鉴

标题 1：人均 20 元！××（地名）超平价意式餐厅，凭榴梿果肉披萨就能征服你，速速来打卡！

标题 2：8 款平价面膜测评，3 元一片的面膜到底值不值得买

标题 3：一秒入冬？！还好有这 6 家火锅可以温暖我（内含福利）

标题 4：消防工程师考点梳理①－基础知识

标题 5：食谱：千万别忽略这件事，这样做营养密度超高～

3）利用身份标签

利用身份标签是指在标题中加入典型人物，如明星名人、目标对象、行业典型代表、某一群体，标题范例如下。

范例借鉴

标题 1：××（明星）一首歌唱哭无数网友：奶奶，您至少再陪我 30 年行吗？

标题 2：给准妈妈们的待产包攻略！

标题 3：爱吃苹果的一定要看！这样吃，口感、营养都翻倍～

标题 4：负债养猫的年轻人

标题5：热爱生活的95后们，终于也开始破产了

4）利用逆反心理

利用逆反心理是指在标题中强调不让读者做这件事，以此激发读者的逆反心理，常用关键词有慎点、取关、千万别看等，标题范例如下。

范例借鉴

标题1：慎点!!!!! 不要怪我没提醒你 …

标题2：我想劝一些人取关

标题3：千万别看这些人的朋友圈，笑喷了～哈哈哈哈哈哈哈

标题4：别点，这是一个"套路"

标题5：看了别怪我"剧透"

5）利用戏剧性

利用戏剧性是指在标题中制造反常理的事件、矛盾、冲突，以引起读者的好奇心，标题范例如下。

范例借鉴

标题1：就算被踢出家庭群，这篇文章也要转给他们！

标题2：月薪一万，连"车厘子自由"都没实现

标题3：高校期末"神仙考题"让网友吵起来了！老师回应亮了……

标题4：你这样微信聊天，迟早被拉黑

标题5：长得好看没用？这位妈妈教育女儿的话炸出一堆网友

6）利用真相

在网络平台上，有不少虚假信息，在标题中揭露真相，可以激发读者想要探秘的好奇心，常用的关键词有揭秘、曝光、真相、辟谣、该醒醒了等，标题范例如下。

范例借鉴

　　标题 1：被骗了！刷屏的小熊爬山视频，真相竟如此残忍

　　标题 2：母女聊天记录曝光！妈妈因为一个头像要跟女儿断绝关系

　　标题 3：揭秘！飞机与月亮的"邂逅"是怎么拍到的？

　　标题 4：这是 4 月最大的谣言，第一条就中招了！

　　标题 5："社会人小猪佩奇"为啥这么火？背后套路很深

3.3.2　让标题更吸睛的技巧

　　在撰写新媒体标题的过程中，有很多标题小技巧可以帮助我们提高标题的吸引力，常用的有以下几种。

1）巧用数字

　　相比文字，数字更能强调效果，也更能吸引读者的注意力，因此，可以在标题中加入数字让标题看起来更直观。如果能将数字和对比结合起来使用，更能刺激读者，标题范例如下。

范例借鉴

　　标题 1：28 岁还想不通的 5 件事，让 152 个小学生给你答案

　　标题 2：小心那个当辅导员的人！网友：7×24 无所不能的存在

　　标题 3：月入 20000 元的月嫂比月入 5000 元的月嫂，多了这 6 大技能

　　大多数情况下，数字会使用在薪酬、金额、年龄、身高、体重、技巧、时间、房屋面积上。

2）巧借疑问句

　　以疑问句式撰写标题，可以引导读者思考，常用的有为什么、怎么、如何、有哪些、怎样等，标题范例如下。

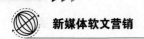

标题1：你的朋友圈，为什么仅三天可见？

标题2：微信运动里，50步以下和30000步以上的都是什么人？

标题3：为啥"蛙儿子"老不回家？真相令人惊恐！

使用疑问句的好处在于能够通过问句引出读者的需求，但是问题本身一定要有价值，否则无法引起读者的兴趣。在标题中，提出问句的同时可以给出答案，也可以留有悬疑，或者采用反问、设问的形式，标题范例如下。

范例借鉴

标题1：老人带娃的路子有多野？看完我服了哈哈哈！

标题2：同龄人正在抛弃你？打败你的不是同龄人，是微信爆文

标题3：女生讨厌被叫"小姐姐"？那称呼"女施主"？

3）指出损失

比起获得，人们对于损失往往会更加敏感，这就是为什么丢失50元与捡到50元相比，丢失50元带来的痛苦会更持久，而捡到50元带来的喜悦却会很快消失。因此在标题中要强调损失而不是获得，这样更能吸引用户，标题对比如下。

范例借鉴

标题1：长期坚持早起的人，会比别人更年轻！

对比1：长期生活不规律，你会比别人更快衰老！

标题2：95后职场菜鸟，学了3个月外语，工资涨了5000元

对比2：工作5年才知道，不学外语，工资会比同事少5000元

4）讲述故事

对于故事型软文来说，可以对内容进行提炼，在标题中体现故事的主要情节，这会给人以真实的感觉，标题范例如下。

范例借鉴

标题 1：孩子被拐多年，长大后凭着一碗面，找到自己的亲生父母

标题 2：小姑子打碎手镯，看到她发的朋友圈后，女子怒怼：10 万元，你赔吧

标题 3：女同事换了新手机，旧的低价卖给了我，回去看到相册后难以平静

5）适当夸张

在标题中适当地运用夸张手法能够起到吸引读者的作用，夸张的表现方式有两种，一种是强调肯定或否定，如绝对不可能、太难了、一定要、最可爱等；另一种是修辞，如笑死了、难于上青天等，标题范例如下。

范例借鉴

标题 1：我在南方，快冻冻冻冻冻冻冻死了！

标题 2：你这样微信聊天，迟早被拉黑

6）使用符号

在新媒体标题中合理地运用符号，可以起到强调、引起悬念、突出等作用，符号可以是标点符号，也可以是表情符号、特殊符号或英文符号，标题范例如下。

标题 1：【泪点】☞我的小棉袄被人穿走了

标题 2：高校期末"神仙考题"让网友吵起来了！老师回应亮了⋯⋯

标题 3：十年前的你 VS 现在的你

3.3.3 利用工具快速生成标题

在新媒体标题创作过程中，可以使用关键词标题工具以提高标题创作的效率，下面以易撰为例，来看看如何生成标题。

进入易撰首页并登录，单击"编辑器"超链接，如图 3-5 所示。

图 3-5　进入易撰首页

在打开的页面中输入标题关键词，单击"随机生成"按钮，在页面下方会显示生成的标题，单击"一键使用"按钮，如图 3-6 所示。

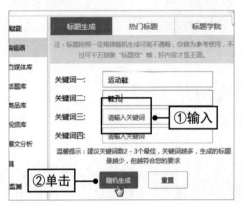
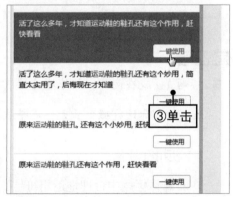

图 3-6　输入标题关键词

在打开的对话框中单击"是"按钮，此时在右侧编辑区中会自动输入该标题，然后对标题进行修改，如图 3-7 所示。

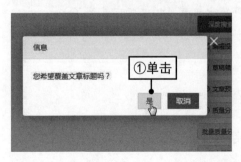

图 3-7　对标题进行修改

系统自动生成的标题仅供借鉴参考，一般都需要根据内容定位进行适当修改。除了易撰以外，乐观号（https://www.myleguan.com/）也提供了标题工具，由于易撰的热门标题工具 VIP 会员才能使用，因此可以利用乐观号提供的热门标题和标题学院工具找到可借鉴的标题灵感，具体使用方法如下。

　　进入乐观号首页，在选择"乐观编辑器 / 标题大师"选项，在打开的页面中单击"热门标题"选项卡，如图 3-8 所示。

图 3-8　进入"标题大师"页面

　　在打开的页面中输入关键词，单击"搜索"按钮，在页面下方即可查看到与该关键词相关的热门标题，如图 3-9 所示。

图 3-9　查询热门标题

3.3.4　一用即会的标题模板

　　标题是给读者看的，在保证标题能够传达出文章主旨的前提下，使用模板可以提高标题创作效率和打开率，如以下一些模板。

如何_____，现在就告诉你

_____（简单概括事件），网友（怒赞）：_____

资深_____告诉你 / 提醒：_____（说明问题 / 危害）

_____（明星）上热搜，_____（陈述观点）

为什么_____（提出问句），却依然_____（阐述现状）

_____（美食）这么做，才好吃又营养！

_____（美食）时加了这个，美味得让邻居都点赞！居然_____

_____大揭秘，_____技巧分享

盘点_____（年份）最_____的_____，_____只能排最后一位

最近_____火了！_____（陈述观点）

_____（简单概括事件）刷爆朋友圈，今天聊聊_____（陈述观点）

讲真，_____（简单概括事件 / 现象），因为……

拼团 / 买赠 |_____（用户群体 / 权威人物）用它，_____（效用）

_____（用户群体），告诉你个好消息：_____（陈述事实）

为什么_____（行为），看完恍然大悟！

上述标题模板要学会灵活套用，平时看到优质的标题时，也可以总结分析，看是否能作为标题公式，以便于后期使用。

软文开头的写作

第4章

PLAY

用户通过新媒体平台打开软文后，首先看到的就是文章的开头，开头的好坏会影响软文的完读率，由于软文的广告内容大都隐藏在文章后半部分，因此开头会影响软文的营销效果，那么开头要如何写才能吸引读者更深入地阅读下去呢？本章就一起来看看软文开头的写作手法。

- 开头的3个作用
- 新媒体软文开头的要点
- 开门见山直奔主题
- 故事导入吸引用户关注
- 引入名句凸显文章主旨
- 描绘场景营造氛围
   ……

- 切入好处以"利"诱人
- 制造悬念提起读者兴趣
- 对话式开头让用户产生联想
- 基于定位策划固定式开头
- 尽量使用简短的句子
- 独立段落一目了然

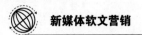

4.1 软文开头的重要性

如果说标题是挑起读者阅读欲望的关键，那么开头就是挑起读者购买欲望的关键。对于一篇优秀的软文来说，不仅要有一个好的标题，好的开头也必不可少。

4.1.1 开头的3个作用

总的来看，开头有3个重要的作用——吸引读者的注意、调动购买欲望和为下文做铺垫。

1）抓住读者注意力

抓住读者注意力，促使读者继续阅读文章，是开头的重要作用。如果开头不能吸引读者，读者就会关掉该篇文章，那么将读者转化为卖家的机会也会流失。图4-1为一篇软文的开头，可以看到开头以提问的方式引出，随之给出了问题的答案，让读者想要继续了解为什么有数据思维的人才吃香，这样的开头就具备了抓住读者注意力的作用。

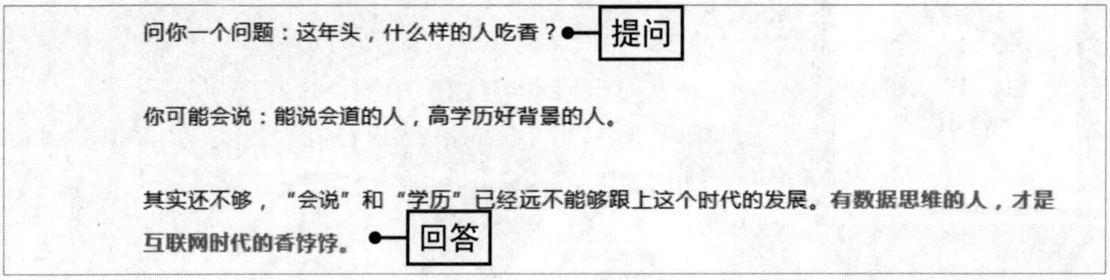

问你一个问题：这年头，什么样的人吃香？ ——提问

你可能会说：能说会道的人，高学历好背景的人。

其实还不够，"会说"和"学历"已经远不能够跟上这个时代的发展。有数据思维的人，才是互联网时代的香饽饽。 ——回答

图4-1 软文开头

2）调动购买欲望

调动购买欲望是开头的另一个作用，如果软文在开头就能让用户产生信任感，那么对调动用户购买欲望会有很大的帮助。图4-2为关于旅行烧水壶的种

草类软文，在开头先用优惠吸引用户，然后阐述痛点——酒店水壶很脏，通过这样的方式营造一个促使用户下单的购买环境。

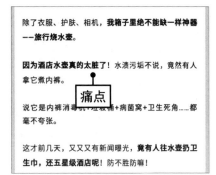

图 4-2　种草类软文开头

3）为下文做铺垫

软文的开头还起着为下文做铺垫的作用，通过设置悬念、举例或者开篇点题等方式奠定基调，推动下文的发展，使广告内容能够很好地被植入。从图 4-3 的软文可以看出，开头言语就引发了读者的思考，从而也为引出广告内容做了铺垫。

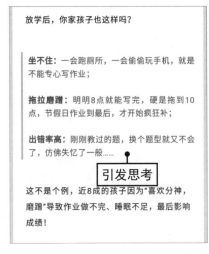

图 4-3　开头为下文做铺垫

4.1.2 新媒体软文开头的要点

很多新媒体创作者常常陷入这样的困境：花了很多精力写标题，文章打开率提高了，但是完读率却不尽如人意，很多读者一看到开头就离开了。所以在软文的开头前，要明确以下 3 个要点。

1）开头忌废话

在新媒体平台上，人们阅读一篇文章的精力和时间都是有限的，要留住用户，开头就不能有太多的废话，应该很快上干货。通过观察新媒体平台上的软文也可以发现，它们的开头一般都很精练，每个段落的文字内容不会很冗长，都很精简，如图 4-4 所示。

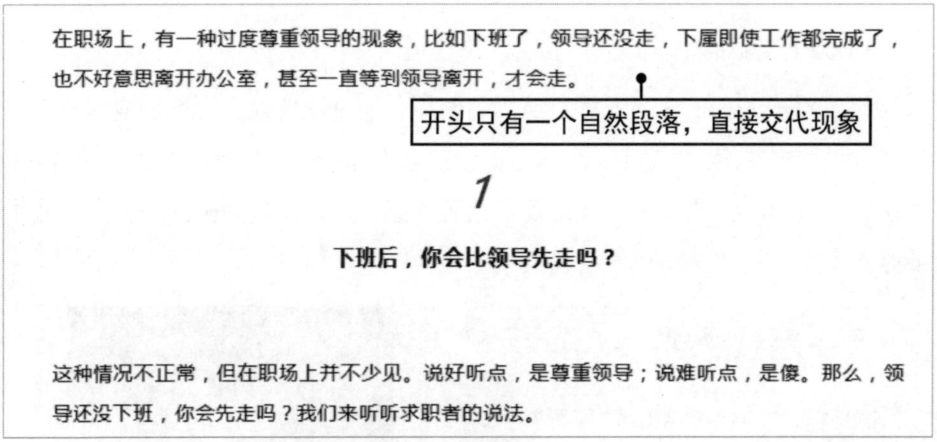

在职场上，有一种过度尊重领导的现象，比如下班了，领导还没走，下属即使工作都完成了，也不好意思离开办公室，甚至一直等到领导离开，才会走。

开头只有一个自然段落，直接交代现象

1

下班后，你会比领导先走吗？

这种情况不正常，但在职场上并不少见。说好听点，是尊重领导；说难听点，是傻。那么，领导还没下班，你会先走吗？我们来听听求职者的说法。

图 4-4　精简的开头

2）观点应明确

软文的开头如果有想要传达的观点，那么这个观点一定要清晰明确，让读者知道你想要表达的是什么。很多时候，这个观点也是软文的主旨，是可以引起读者转发的爆点。从图 4-5 中的软文开头可以看出，开头点出的观点清晰，读者很容易看懂，且用背景色进行标识，起强调作用。

最近，收到一个用户的手写信，信中说：

高二的时候遇到 ██████，那句"世界和我爱着你"至今都能让他感到温暖。

受了启发，他也想把爱和温暖带给这个世界。于是，利用本硕，开始学心理学，获得了自我的成长。

看到这封信的时候，我不禁在想，这或许就是我们存在的最大价值：

温暖治愈他人的同时，赋予每个人自我疗愈、自我成长、温暖他人的力量与能力。

图 4-5　开头观点清晰

3）节奏须紧凑

开头部分的内容要紧凑、不拖拉，这样读者才有兴趣继续阅读下去。如图 4-6 所示，为故事型软文，开头的故事情节非常紧凑，可有效引起读者的好奇心。

前阵子，多年未联系的大学同学突然给我打来电话，我刚"喂"了一声，电话那头就哭了起来。

原来，她已经离职大半年了，一直都找不到工作，卡里的存款早就花完了，最近一直在靠花呗撑着。

眼看着要交下个季度的房租了，她却实在拿不出钱。

图 4-6　故事情节紧凑

4.2　自媒体常用的开头方式

不同类型软文，会有不同的开头，目的都是让读者继续阅读文章，从而实现营销推广的效果。

4.2.1 开门见山直奔主题

开门见山直奔主题是指在文章的开头就引出主旨、阐明观点，或者说明人物对象、带出品牌，这种开头方式不拖泥带水，一两句话就直奔主题，如图4-7所示。

> 美不美，全看腿。
> 秋冬是风度和温度之间的博弈，
> 当大家都裹成粽子的时候，
> 小露美腿立马显瘦很多。
>
> 露腿≠光腿！
> 想显高显瘦、暖和时髦，
> 一条舒适温暖的打底裤必不可少！

图 4-7　开门见山式开头

从图4-7可以看出，文中只用了几句话就阐明了要推广的产品是什么——打底裤，让读者能够很快进入消费者角色。种草型、经验分享型和情感型等软文都可以使用这种开头方式。使用开门见山法创作软文开头也有一定的技巧，具体有以下几点。

1）简单阐述价值 / 痛点

对于产品推广型的软文，可以在开头部分简单阐述产品带来的价值或者目标用户存在的痛点，然后紧接着就点出解决方法，也就是要推广的产品，如图4-8所示。

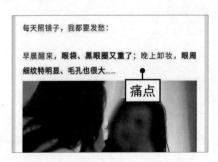 

图 4-8　开头阐述痛点

2）用总述引出内容

在文章的开头，可以对文章的主要内容或观点进行总述，并将其提炼为金句，在引发读者共鸣的同时引出正文内容，如图 4-9 所示。

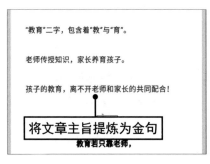

图 4-9　陈述文章观点

3）以导语形式开头

开门见山式的开头还可以以导语形式引出内容，导语的最后一句一般告诉读者接下来会看到什么样的内容，或者以提问方式引出内容，如图 4-10 所示。

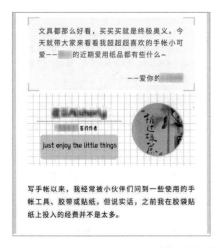

图 4-10　以导语作为开头

4.2.2 故事导入吸引用户关注

人们都喜欢听故事，在文章的开头以讲故事的方式引出内容，会极大地调动用户的阅读兴趣，如图 4-11 所示。

我的表姐在40岁那年离婚了。

当初碍于父母的压力，表姐硬着头皮走进了婚姻。这些年，她辛苦操持着家庭，直到把孩子送入大学。未料，在最该松口气的时候，丈夫跟她提出了离婚。原以为表姐会不平，至少也得四处倾诉一下自己多年的忍耐与牺牲，可她却只是短暂消沉之后就开始游泳健身、继续读书。

图 4-11　以故事作为开头

在软文中讲故事，是为了通过故事呈现产品的特性，因此在开头讲故事时，就要考虑这个故事是否能起到塑造产品或品牌的作用，或者这个故事是否能给消费者某种产品值得买的暗示。

以润唇膏产品软文为例，文章以公司同事抱怨嘴唇干裂的故事情境开头，紧接着说明嘴唇干裂的原因，为营造产品卖点做铺垫，以体现产品的优势所在，如图 4-12 所示。

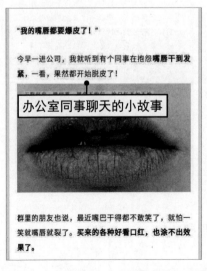
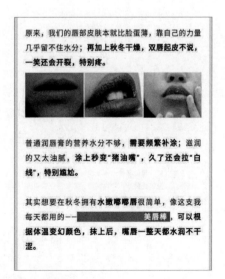

图 4-12　以故事为产品赋予价值

软文若以故事作为开头，故事可长可短，可以整篇都讲述故事，也可以只是开头部分在讲故事。在开头的故事中，也可以穿插图片，为故事增加感染力。

4.2.3 引入名句突显文章主旨

名言名句蕴含着深刻含义，软文以名言名句开头，也能起到吸引读者的作用。此外，名言名句作为文章论点，可以突显软文的主旨思想。

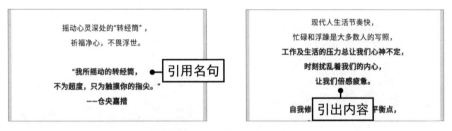

图 4-13 引入名句开头

在图 4-13 的软文中，引用仓央嘉措的名句作为开头，使文章在开头就给人以美感，也为下文引出现代人的自我修行做铺垫。需要注意的是，开头引入名句并不是说开头就一定要是名家所说的话，也可以是自己总结或设计的精练句子、蕴含深邃哲理的内容，或者是古诗词、谚语、电影中的经典台词等，如图 4-14 所示。

图 4-14 名句开头的不同方式

4.2.4 描绘场景营造氛围

消费者选择一个产品，常常是因为这个产品能解决他的某一个痛点，因此，在软文的开头可以呈现让消费者痛苦的场景，让读者联想到自身情况，然后在正文中呈现使用产品后的理想场景，这样就会让产品具有很强的吸引力，如图 4-15 所示。

图 4-15 以痛苦场景开头

除了痛苦场景，软文的开头也可以是理想场景，以理想场景开头，可以让读者对产品充满期待，如图 4-16 所示。

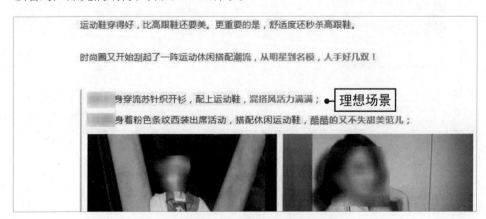

图 4-16 以理想场景开头

不管是痛苦场景，还是理想场景，都要戳中读者要害，才能起到作用。因此，在开头所描述的场景要符合目标人群的需求，场景的描绘应该具体，为了让场景更有说服力，可以配图加以解释，如图 4-17 所示。

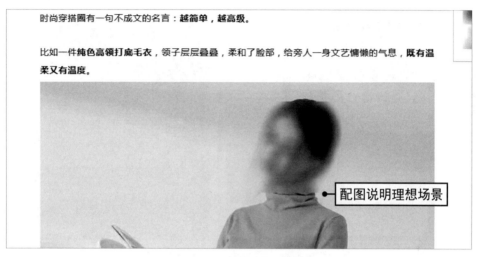

图 4-17　配图进行解释强调

4.2.5　切入好处以"利"诱人

开头利用好处，可以让文章一开始就具有一定的诱惑力。在新媒体平台上，比较常见的以"利"诱人式开头就是优惠，以比平时更低的价格吸引用户，如图 4-18 所示。

图 4-18　开头以"利"诱人

在开头阐明福利的新媒体软文，很多时候会以海报图片的形式进行福利呈现，这样可以让福利更具吸引力，文章排版看起来也会更美观，如图 4-19所示。

图 4-19　以海报形式呈现福利

4.2.6　制造悬念提起读者兴趣

悬念式开头可以调动读者的好奇心，让读者想要通过阅读文章知晓后续。制造悬念的方式有多种，常用的是在开头直接抛出问题，如图 4-20 所示。

图 4-20　以提问方式制造悬念

文中先展示了一张图片，然后提出问题，让读者好奇为什么图片中的粉末会是牙粉，由此制造了悬念，让读者好奇牙粉是什么，以及它是怎么用来清洁牙齿的。

另一种制造悬念的方式是利用反差制造悬念，如图 4-21 所示。

> 一份体面的工作，年薪百万，周游世界……
>
> 如果有这样的一种生活摆在你面前，你，会不会心动？
>
> 蛰居尘世间，我们每个人都想过上锦衣玉食、风光体面的理想生活。
>
> 可有这样一个女孩，却反其道而行之，毅然放弃了年薪百万的体面生活，一头扎进了嘉绒藏区的深山里。

图 4-21　利用反差制造悬念

"年薪百万，还能周游世界"，这样的生活是很多人都向往的，但上文中的主人翁却选择"扎进深山里"，这样就塑造了一种反差，给文章制造了悬念。

除了以上两种制造悬念的方式外，在开头以故事情节制造悬念，也能激发读者好奇心，如图 4-22 所示。

> "8年电商老兵，一路摸爬滚打，有过5家某某皇冠店，3家某某猫店，3家工厂的辉煌；也有过店铺转卖，团队解散，欠债百万的低谷。在崩盘破产之后，我准备退出电商江湖。直到偶然遇到了＿＿＿＿，15天时间，靠仅上架的一个单品，让团队起死回生，这才重圆了我的电商梦。"

图 4-22　以故事制造悬念

一位电商人从创业成功—团队解散—起死回生的经历，让读者忍不住好奇，他是如何在 15 天内靠一个单品就重圆电商梦的。

4.2.7　对话式开头让用户产生联想

对话式开头在新媒体软文中也很常见，对话的内容一般为日常生活中实际发生的某一场景，这样的开头方式可以让用户产生联想。对话式开头常常与漫画结合，这样不仅能增加文章的趣味性，还能让内容更有带入感，如图 4-23 所示。

图 4-23　漫画对话式开头

此外，对话也可以以社交应用聊天界面的方式呈现，这种方式在新媒体软文中使用得也较多，如图 4-24 所示。

图 4-24　社交聊天式开头

4.2.8 ▶ 基于定位策划固定式开头

新媒体软文的开头，还可以根据自身账号的定位策划一个固定的开头样式，比如很多自媒体账号都以打招呼的方式开头，告知读者"我是谁"，且所有文章的开头方式都相同，如图 4-25 所示。

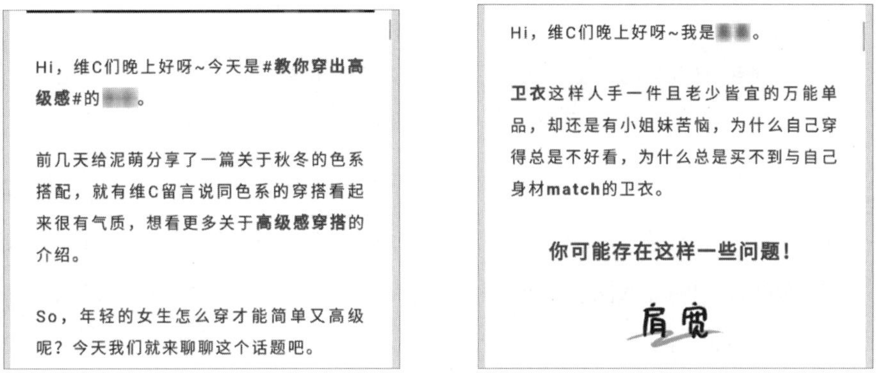

Hi，维C们晚上好呀~今天是#教你穿出高级感#的███。

前几天给泥萌分享了一篇关于秋冬的色系搭配，就有维C留言说同色系的穿搭看起来很有气质，想看更多关于高级感穿搭的介绍。

So，年轻的女生怎么穿才能简单又高级呢？今天我们就来聊聊这个话题吧。

Hi，维C们晚上好呀~我是██。

卫衣这样人手一件且老少皆宜的万能单品，却还是有小姐妹苦恼，为什么自己穿得总是不好看，为什么总是买不到与自己身材match的卫衣。

你可能存在这样一些问题！

肩宽

图 4-25　固定打招呼式开头

在文章的开头，以"××说"的方式引出一段与文章主旨有关的话，也可以形成固定式的开头，如图 4-26 所示。

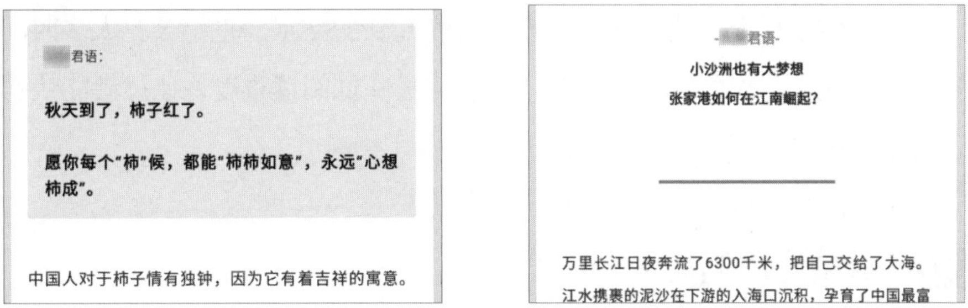

██君语：

秋天到了，柿子红了。

愿你每个"柿"候，都能"柿柿如意"，永远心想柿成"。

中国人对于柿子情有独钟，因为它有着吉祥的寓意。

- ████君语 -

小沙洲也有大梦想
张家港如何在江南崛起？

万里长江日夜奔流了6300千米，把自己交给了大海。江水携裹的泥沙在下游的入海口沉积，孕育了中国最富

图 4-26　固定语录式开头

对于产品种草的自媒体或达人来说，可以用"今天要推荐的是……"作为软文的固定开头，让读者在文章的一开始就明确文中推荐的产品是什么，有该产品需求的读者自然会继续阅读文章内容，如图 4-27 所示。

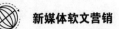

今天██要跟大家推荐的，是██████家的又一断货王：眼部紧致修护锭片。

据说，这小小一颗锭片，不仅可以有效消除眼袋，

还能同时解决黑眼圈、眼角纹、脂肪粒等各种眼周问题，让眼睛年轻20岁~

光靠██这么推荐，说服力或许不够；

那么，还是让██████家的专业小姐姐，为大家详细介绍这款神奇的小锭片吧。

████又来给大家种草啦~

今天给大家推荐的，是后台呼声非常高的一款洁面泡：██████玫瑰花洁面泡。

这款洁面泡，被称为"洗面奶中的爱马仕"；

不仅颜值高，而且温和、清洁力强，能够去除毛孔缩小毛孔。

对这个洁面泡还不了解的小伙伴，可以来听听██

图 4-27　固定推荐式开头

固定式开头的方式还有多种，创作者可以根据写作风格、文章类型等确定一种开头方式，比如美文哲理类软文，就可以在开头以两三句精简的美文或名言作为固定式开头；经验总结类软文，可以按"今天给大家分享的是……技巧""……（展示使用技巧后的效果）接下来我将告诉你是怎么做到的"作为开头。

4.3　降低阅读难度的开头技巧

在新媒体平台上，读者并不喜欢看大段冗长的文字，也不会花太多时间仔细阅读一篇软文，因此软文的开头一定要尽量降低阅读难度，让读者能快速地进入文章的正文。

4.3.1　尽量使用简短的句子

不同于报纸、杂志上的软文，大部分读者都在手机上阅读新媒体软文，受手机屏幕以及碎片化的阅读方式的限制，新媒体软文的开头应简短。

短小精悍的开头可以降低读者的阅读压力，因为简短，也节省了读者的阅读时间。可以看到，有的新媒体软文的开头甚至只有一句话配一张图，然后就直接进入正文部分，如图 4-28 所示。

图 4-28　一句话的开头

4.3.2　独立段落一目了然

如果软文开头要陈述的内容相对较多，那么可以采用分段的形式让开头看起来更简单易读。图 4-29 为内容相同、分段不同的软文开头，可以看出，虽然文字相同，但分段可以让开头内容看起来更简洁。

图 4-29　分段呈现内容

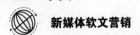

4.3.3 实用的新媒体软文开头模板

很多新媒体创作者在撰写软文时，常常不知道该怎么开头，这时可以套用一些开头模板，常用的有以下几个。

1）如果……，那么……

范例借鉴

例1：如果你家也有让你喊"头疼"的小捣蛋，那么一定要看完这篇文章。

例2：如果你有整天没精打采、手脚冰凉、腿部水肿，这些问题，那么这是体内湿气重的表现，以下方法将帮助你驱寒祛湿。

2）你有多久……？

范例借鉴

例1：你有多久没陪陪家人了？

例2：你有多久没睡个好觉了？

上述开头模板是典型的提问式开头，提问的内容一般是产品的卖点或消费者的痛点，比如降噪耳机，卖点是降噪，那么问句就可以是："你有多久没把外界'静音'了？"

3）这段时间，朋友圈被……（热点话题）刷屏，……

范例借鉴

例1：这段时间，朋友圈被《少年的你》刷屏了，电影中……

例2：这段时间，朋友圈被"网络暴力"这个话题刷屏了。三年前，我的闺蜜就经历了一场网络暴力……

上述开头方式充分利用了热点，通过热点过渡到要讲述的故事或表达的观点，会让读者更想知道后面的内容。

软文正文内容布局

正文包含的内容比较多，是软文的主体部分。正文的布局方式有多种，但不管是哪种布局方式，都讲究逻辑合理，内容不能脱离主题。本章就来看看如何搭建新媒体软文的正文架构。

- ▶ 用思维导图设计内容大纲
- ▶ 新媒体软文常见架构方式
- ▶ 引导下单的产品文案模型
- ▶ 自媒体常用的布局方式
- ▶ 用"小标题+内容"的形式组成段落
- ▶ 层次分明图文结合

……

- ▶ 从哪些角度提炼产品卖点
- ▶ 多种途径获取产品卖点
- ▶ 对产品卖点进行筛选
- ▶ 将卖点完善成文字内容
- ▶ 新媒体配图的几种类型
- ▶ 自媒体配图的常用工具

5.1 新媒体软文正文框架

在新媒体营销中，软文的正文发挥唤醒用户需求、解决需求、促进购买的作用。而要实现这样的目的，就要求正文有一定的排兵布阵，特别是对于较长的新媒体软文来说，更要讲究排列，让内容饱满，从而抓住用户的心。

5.1.1 用思维导图设计内容大纲

明确了软文的主题后，可以对正文内容拟一个简单提纲。这样做的好处在于可以帮助创作者明确正文的逻辑结构，避免边想边写导致部分问题被遗漏。设计内容大纲比较好的工具是思维导图，它可以让内容框架看起来清晰有结构，图 5-1 为用思维导图设计的新媒体软文大纲。

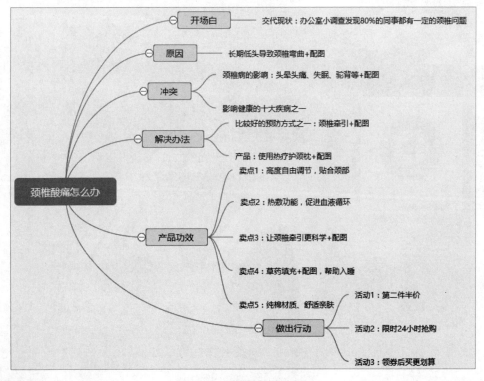

图 5-1 新媒体软文大纲

从图 5-1 所示的软文大纲中可以看出该软文的大致结构：交代现状—说明原因—描述冲突—提出解决方案—介绍产品卖点—引导做出行动。利用思维导图制作大纲并不难，这里可以使用百度脑图快速制作，具体使用方法如下。

进入百度脑图（https://naotu.baidu.com/）首页，单击"马上开启"按钮，在打开的页面中输入百度账号和密码，单击"登录并授权"按钮，如图 5-2 所示。

 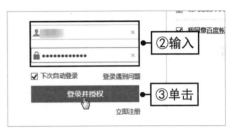

图 5-2　登录百度脑图

登录成功后，在打开的页面中单击"新建脑图"按钮，双击输入内容，该节点一般为软文的主题或标题，如图 5-3 所示。

图 5-3　新建脑图

右击节点，选择"下级"命令，输入大纲目录关键词，按 Enter 键添加同级节点，如图 5-4 所示。

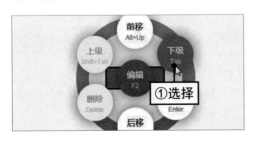 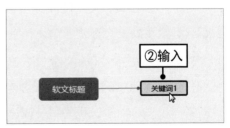

图 5-4　输入内容

按照相同的方法可建立多级节点并输入大纲内容。完成软文大纲内容的脑图制作后，单击"外观"选项卡，在"外观"下拉列表中选择"逻辑结构图"外观样式即可，最后按 Ctrl+S 组合键保存，如图 5-5 所示。

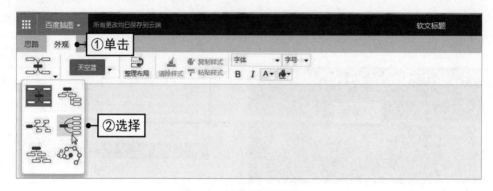

图 5-5　更改思维导图外观

5.1.2 新媒体软文常见架构方式

不少新媒体软文在正文内容的结构布局上有很多相似之处，常见的新媒体软文正文架构如图 5-6 所示。

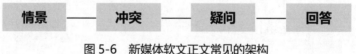

图 5-6　新媒体软文正文常见的架构

1）情景

这里的情景可以是一个事件、事实，也可以是一个愿景或者一个现状。比如一篇故事型软文，文章的开头用一句话"你是不是经常听见这样的声音"引发悬念，紧接着正文描述一个人在生活中常常说"差不多就行了"的几个情节。

再如一篇祛黑头产品的软文，在开头总述很多人都受黑头的困扰，然后正文部分描述鼻头上的黑色毛孔很影响美观，并搭配冒油、有黑头的鼻头图片，这就搭建了一个情景，也为后文描述冲突做了铺垫。

2）冲突

冲突是指矛盾、痛点或者反差对比。接着上述的故事型软文，在描述了生活中常说"差不多就行了"的情景后，阐述"差不多"使人生变得"将就"，安心做一名家庭主妇，不再追求自己的事业、人生理想，这就是一种冲突。

祛黑头产品软文中，在冒油、有黑头的鼻头图片下，讲述祛黑头的几种方法，这几种方法对皮肤的影响是毛孔愈来愈粗，黑头还是层出不穷，这就属于痛点型的冲突。

3）疑问

疑问通常就是提出问题，在上述故事型软文中，提出了"家庭主妇可以有自己的事业吗""如何培养替自己人生负责的能力"的问题。

在祛黑头产品软文中，可以提出"如何祛掉黑头，并且不对皮肤造成伤害呢"的疑问，通过提问可以让读者引发思考，也为引出产品做了铺垫。

4）回答

回答就是解疑的过程，在这个过程中，通常要将答案与推广的产品相结合，或者用答案引出产品。比如上述故事型软文，在回答中列举了女性努力追求人生理想的案例，得出了人生可以忠于内心，活出自己的结论，紧接着引出针对女性的电商平台推广信息。

在祛黑头产品软文中，则可以介绍一种祛黑头的妙招，这个妙招就是使用我们的产品，然后阐述这种方法的好处，使读者信服。

可以看出，通过情景—冲突—疑问—回答这样的架构方式，可以让一篇软文内容饱满，读者也会慢慢被引入产品中。

5.1.3　引导下单的产品文案模型

要通过一篇软文给产品带来销量，那么软文中关于产品描述的部分就要打动读者，常见的引导下单的产品文案一般包含以下几部分内容。

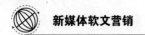

1）痛点

痛点是指目标用户没有使用该产品或服务时有哪些痛点，在新媒体软文中，一般会描述多个痛点。比如一款豆浆机产品，在软文中描述了以下几个痛点。

痛点1：家中只有一两个人，买了大容量的豆浆机，结果每次打了豆浆都喝不完，后来就懒得用了。

痛点2：用豆浆机打豆浆时声音超级大。

痛点3：每次打完豆浆后，最讨厌清洗刀头了，豆浆渣全粘在上面，很不好清洗。

痛点4：早上起床后临时想打豆浆喝，结果没有提前泡豆，导致无法喝上热豆浆。

在软文中阐述痛点，可以锁定潜在目标用户。与此同时，如果这些痛点能说到读者心里去，也能增强他们的信任感。

2）好处

好处是指产品给用户带来的价值，一般结合痛点阐述。描述产品的好处时要具体，最好结合视频和图片营造场景带入感，这样能提高用户的转化率。比如结合上述豆浆机产品目标用户的痛点，可以描绘出以下好处。

小巧：体积小，350ml的容量，一次打一杯，不用担心浪费。

操作简单：不用提前泡发豆子，只需加水和干豆后，按下豆浆键等待20分钟左右，就能收获一杯热乎乎的豆浆。

超微破壁：研磨细腻，充分保留营养成分，口感更好。

功能多：不仅可用来打豆浆，还可以用来制作蔬菜水果汁。

清洗方便：支持自动清洗，不需要亲自动手清洗。

颜值高：体形纤细不占地，颜色好看，放哪儿都是高颜值。

3）案例证明

如果只是用文字形式介绍产品的优势，可能并不能完全打动目标用户，因此，需要借助案例证明这个好处，提高说服力。图 5-7 为在软文中提供已购用户的评论以证明产品好处的案例。

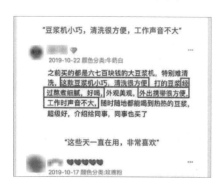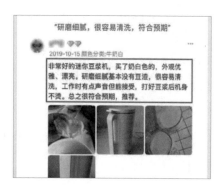

图 5-7　案例证明

4）优惠 / 赠品

消费者都希望买到性价比更高的产品，如果软文中适当添加优惠 / 赠品以吸引潜在用户，则一些不打算下单的用户也可能因为优惠 / 赠品而购买产品，如图 5-8 所示。

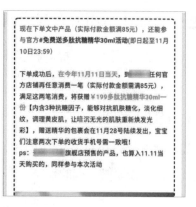

图 5-8　用优惠 / 赠品吸引用户

5）风险承诺

在新媒体平台上购物，很多消费者对产品的质量、物流等还是存在顾虑的，所以在软文中对目标用户做出风险承诺，能让潜在用户放心购买，从而大大提高产品的转化率，图5-9为在新媒体软文中做出的退换承诺。

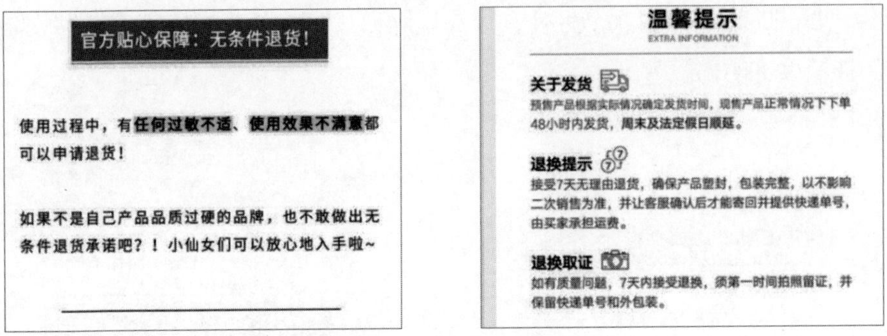

图 5-9　做出退换承诺

5.2 软文正文内容如何布局

新媒体软文正文的布局会影响文章的观看率。在写作软文时，熟练使用一些布局技巧，可以让正文赏心悦目，更具可读性。

5.2.1 自媒体常用的布局方式

从正文的布局入手，提高新媒体软文的吸引力，有以下两种布局方式可以借鉴。

1）设疑式布局

设疑式布局是指在正文中提出疑问，引发读者的好奇心，然后在合适的时机揭开谜底。设疑式布局的软文，其开头一般为一段总述，紧接着就提出疑问，答案通常不会马上揭晓，而会缓慢揭晓，使读者始终保持对文章的好奇心，如图5-10所示。

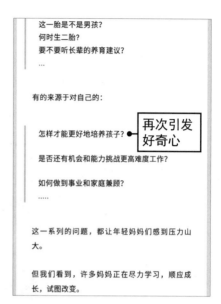

图 5-10　设疑式布局

该软文在开头先阐述了母亲在我们心中的印象，紧接着提出疑问"今天的妈妈和过去的妈妈，有什么不同"，然后讲述了妈妈们的一些问题，并没有直接给出今天的妈妈和过去的妈妈的不同之处，进一步吸引读者阅读下去。等读者有了好奇心后，再通过一份《80、90 后妈妈生存现状调研报告》给出答案，如图 5-11 所示。

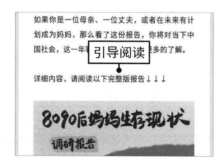

图 5-11　给出答案

2）总分总式布局

总分总式布局是指将正文分为 3 个部分，开头先总述中心思想，

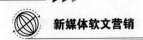
中间部分围绕中心思想分别进行阐述，结尾再次进行总结，如图 5-12 所示。

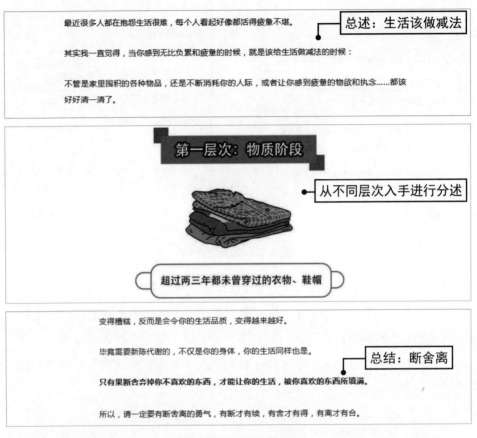

图 5-12　总分总式布局

5.2.2 用"小标题＋内容"的形式组成段落

用"小标题＋内容"的形式组成段落进行文章布局，在新媒体软文中也很常见。这种形式可以用在总分总式的分述表述中，也可以用在并列式正文布局中。并列式布局是指全文都以"小标题＋内容"的形式进行讲述，没有总述或引导式的开头，开头就是小标题，如图 5-13 所示。

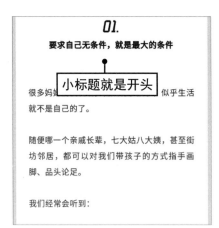

图 5-13　并列式布局

5.2.3 层次分明图文结合

对于比较长的新媒体软文来说，为避免密密麻麻的文字导致读者产生阅读疲劳，创作者会采用以图片代替部分文字的方式，提高软文的可读性。而对于一些较短的营销软文来说，则采用"文字 + 九宫格图片"的布局方式进行呈现，比如微博软文、朋友圈软文等。这种图文结合的布局方式，更符合新媒体的传播特性，如图 5-14 所示。

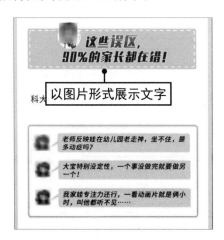

图 5-14　图文结合的布局方式

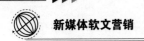

图文结合的布局方式中，具体的排版方式还有多种，如何通过排版增加图文布局的美感，将在后面章节进行详细讲解。

5.3 产品卖点内容文案设计

在新媒体软文中植入产品推广信息后，为了让消费者深入了解产品，从而实现下单转化，需要用文字描述出产品的卖点，让消费者产生代入感，这样才能刺激消费者的消费需求。

5.3.1 什么是产品的卖点

在撰写新媒体软文推广信息时，要明确究竟什么才是产品的卖点。产品卖点是指与竞品相比，与众不同的特色或优势。从这里可以看出，卖点是产品的优势，是竞品所没有的。以洗碗抹布产品为例，在文章中描述了以下几个卖点。

卖点1：很吸油，混污油渍一擦即净。

卖点2：不沾油，擦完油渍后不需要洗洁精，用清水一冲就干净了。

卖点3：吸水性强，是普通洗碗布的3倍。

卖点4：竹纤维原料，绿色环保。

卖点5：与纯棉材质的洗碗布相比，更柔软，手感更好。

卖点6：耐磨耐用，不易掉毛，不易变形。

分析上述内容可以看出，与其他竞品洗碗布相比，一擦即净、一冲即净、绿色环保、吸水性强等，都是具有差异化的优势，因此这些优势就可以成为该产品的卖点。新媒体创作者可通过以下几点判断找到的卖点是否是合格的产品卖点。

1）与竞争对手不同

在分析一个卖点是否是合格的卖点时，可看这个卖点是否是竞争对手做不到、不敢承诺的。比如一款高压锅产品，可以给予消费者承诺煮八宝粥上压后2分钟就能煮好，这一点是竞品不能做到的，那么这就是合格的卖点。

2）经得起检验

一个卖点要成为合格的卖点，就要经得起消费者的检验，以取暖器产品为例，给消费者承诺开机后一两秒就能发热，结果消费者购买后发现10分钟才能实现发热，那么这个卖点即使书写在了软文中，也不能成为产品真正的卖点。

软文创作者要注意，卖点一定要是品牌能够做到的，是给消费者的承诺，不能为了卖货而强加一些经不起检验的卖点。

3）消费者需要的

消费者购买一个产品，是因为这个产品对他来说有用，因此软文中的产品卖点也要从消费者的需求出发，只有消费者真正需要的，才是有用的卖点。以保温瓶产品为例，消费者需要的是保温效果，但在软文中，体现的产品卖点却是容量大，那么这个卖点就不能成为有用的卖点。

5.3.2 从哪些角度提炼产品卖点

了解什么是产品的卖点后，新媒体创作者还要学会提炼卖点，产品卖点的提炼可从以下几个角度分析。

1）使用价值

很多产品的使用价值都是相似的，因此从产品的使用价值中提炼卖点时，要找到与竞争对手有区分度或者优于竞争对手的使用价值。以润唇膏产品为例，其使用价值都是润唇，防止嘴唇干燥、脱皮。那么这个使用价值要成为产品卖点，就需要为其加点"料"，比如写成"润唇 + 提气色"或"已经干裂流血的嘴唇，涂了几天后，双唇不再干燥，变得水润了"。

从上述例子可以看出，将"润唇"这个使用价值进行强化，可以提高该使用价值的诱惑力，让其成为卖点。

2）价格

价格是很多消费者比较关心的一点，会影响消费者的决策。而在新媒体平台上，因为比价变得更加便捷，消费者对价格的敏感度也在增加，所以，价格往往也能成为一个产品的卖点。

以一款面膜仪产品为例，在软文中就体现了价格这一卖点。文案中体现了相比其他平台，在本链接下单可获得更便宜的价格。面对这一卖点，消费者会想既然产品都是一样，那么就买更便宜的，如图 5-15 所示。

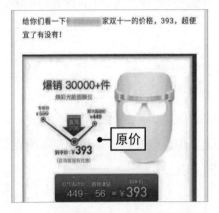

图 5-15　以价格作为卖点

3）质量

对实物类产品来说，质量是很重要的，因此，如果产品的质量足够好，那么就完全可以将质量提炼成卖点。只不过在描述质量这一卖点时，要注重场景化。比如描述保温瓶扛摔，可以说保温瓶是不锈钢壶身并配图，让读者了解其材质或者以视频的形式呈现保温瓶摔了以后仍没有损坏。

4）服务

用户在新媒体平台上消费，对产品提供的服务也很关注，比如电商平台会提供"七天无理由退货"的服务，这能让消费者更放心地在平台上购物。因此，如果产品能够提供很好的服务，那么也可以将其作为卖点。比如拖把产品，提供终身送替换布服务，那么就可以将这一服务体现在软文中。

5）稀缺

俗话说"物以稀为贵"，稀缺会为产品增加价值，这种现象在生活中很常见，比如商场常常打出"限时抢购，仅售 100 套"等广告来吸引消费者。如果要推广的产品具有一定的稀缺性，那么就可以将其作为卖点，比如首发、限量发售、××联名款等，如图 5-16 所示。

图 5-16　以稀缺性作为卖点

6）社交需求

新媒体平台上，也有很多非实物商品，对这些非实物商品而言，社交需求常常是其特殊的卖点。最典型的就是社交类应用，在新媒体平台上进行推广时，会强调社交功能，如交友、群组等。

一些知识付费产品也会将社交需求作为卖点，比如职场英语课程，购买后用户可加入专属社群，在社群里可以与其他学员交流，共同进步，找到志同道合的朋友。

7）情感需求

现在的很多产品除了满足人们物质上的需求外，还会强调情感需求。特别是一些强调设计的产品或非实物产品，消费者往往看重的也是产品所带来的情感价值。

在情感需求中，公益、儿时记忆、孝顺、浪漫、匠心、静心养性等是比较常用的、能打动消费者的情感方式，如图 5-17 所示。

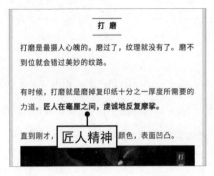

图 5-17　以情感需求作为卖点

5.3.3 多种途径获取产品卖点

在撰写新媒体软文时，创作者获取产品卖点信息的途径有很多，具体包括以下几种。

1）品牌方提供的文案

很多自媒体或者新媒体机构常常都与品牌方合作进行软文推广，这种情况下，品牌方会提供一些产品文案资料，通过品牌方提供的资料，可以获取一些软文中需要的产品卖点。

2）商品图文详情页

如果推广的商品在电商平台有售，那么可通过网店的产品详情页获取卖点。此外，在详情页中展示的卖点，很多都是经过提炼、总结的，在软文中通常只需简单优化即可，如图 5-18 所示。

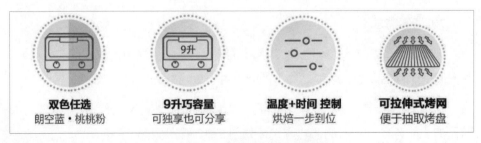

图 5-18　网店详情页中的产品卖点

3）已买消费者评价

在网店中的消费者购买评价页中，也可以找到可供借鉴的产品卖点。图 5-19 为烤箱产品的评价内容，从中可以找出小巧、大小合适，以及颜值高等卖点。

初次评价：10.19　烤箱收到了。看上去很小巧。很舒服。我们两个老人吃不了多少？大小正合适。准备学烧烤蛋糕。应该是好做的。做成功再给评价。

收货3天后追加：我买的电烤箱，今天终于开始烤东西引，我首先烤的是红薯。挺好的，我们人不多，烤一盘还吃不完。挺方便的。我最喜欢烤东西吃了，喜欢烤土豆红薯，还有烤苞谷。这是我最喜欢的烤箱了。

颜色分类：粉色　　2****

烤箱收到了，颜值不错，一个人用大小合适

图 5-19　商品评价页中的产品卖点

4）问答页面

很多电商平台都提供了问答页面，该页面汇集了不同消费者对产品的疑问，从中可以了解到买家关心的产品问题，找出产品卖点。图 5-20 为电饼铛产品的问答页面，从中可以找到尺寸、自动调温、加热速度等卖点。

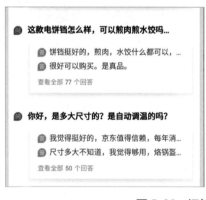

图 5-20　问答页面中的产品卖点

5）其他新媒体渠道

一款产品可能会在多个新媒体渠道中推广，比如一款面膜可能在微信公众

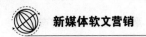

平台、小红书、美柚等渠道进行推广，那么查看这些渠道软文中关于产品的描述，也可以找到合适的产品卖点。

6）亲身试用

很多产品如果没有亲身试用是无法知道它究竟好在哪里的，因此对于部分产品，可以通过亲身试用了解产品的卖点。并且亲身试用后，在书写产品文案时，可以加入个人的试用体验，让消费者更加信服。

5.3.4 对产品卖点进行筛选

通过多种渠道获取了产品卖点后，还需要对卖点进行筛选，将最核心的卖点筛选出来，具体方法有以下两种。

1）从目标人群出发

从目标人群出发是指结合产品的目标对象筛选卖点。根据目标对象的身份、购买力、兴趣偏好等，找到与目标人群匹配度更高的卖点。具体筛选时要分两步走。

第一步先找出产品的所有卖点，以挂手持烫机产品为例，找出了以下几个卖点。

卖点1：拥有两百多项专利。

卖点2：加热速度快，只需40s，皱衣服一次成型。

卖点3：小巧，握感好。

卖点4：特别水箱设计，不用担心积水残留，导致发霉生菌。

卖点5：颜值高。

卖点6：蒸汽力是普通挂烫机的3倍。

卖点7：尖角设计，领口、裤缝熨烫更方便。

第二步，从用户的角度分析以上卖点，按照用户关注度对卖点进行排序，可以得到以下排序。

排序 1：加热速度快，只需 40s，皱衣服一次成型。（功能性强，对消费者来说很有用）

排序 2：尖角设计，领口、裤缝熨烫更方便。（解决了很多挂烫机熨烫领口、裤缝不方便的问题，实用）

排序 3：蒸汽力是普通挂烫机的 3 倍。（蒸汽功能优于其他挂烫机）

排序 4：小巧，握感好。（熨烫时手感好，小巧方便携带，值得说）

排序 5：颜值高。（女性消费者更容易被高颜值吸引）

排序 6：特别水箱设计，不用担心积水残留，导致发霉生菌。（能体现品牌注重细节，解决倒不干净积水的问题）

排序 7：拥有两百多项专利。（并不是消费者最关心的问题）

2）从竞品出发

站在消费者的角度对产品卖点进行排序后，还需要将以上卖点与竞品做对比，找出自身产品能做到、其他产品不能做到的卖点，然后找出核心卖点。通过上述挂烫机产品的卖点，可以找到排序 1、排序 2、排序 4、排序 6 是其他挂烫机无法做到的，那么这几个卖点就可以作为核心卖点，在软文中进行重点详细的介绍，而其他卖点作为次要卖点，在软文中做简单介绍。

5.3.5　将卖点完善成文字内容

找出产品的卖点后，还需要对这些卖点的内容进行完善，使其更突出，便于消费者感知和理解。以"加热速度快，只需 40s，皱衣服一次成型"卖点为例，在软文不能这样空洞介绍，而应将卖点具体化、场景化，比如可以将该卖点做以下完善。

范例借鉴

普通挂烫机在熨烫衣服时需要经历漫长的预热时间，一件衣服要反复熨烫

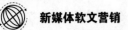
多次才能平整，既耗时又耗力。对于上班族来说，早起半小时都熨不好几件衣服，很浪费时间。

这款××手持挂烫机，能实现40s快速加热，皱巴巴的衣服"一抹即平"。经实测，普通挂烫机还在预热时，××挂烫机就已经搞定一条裙子了。只需轻松一熨，衣服立马成型。

将卖点内容完善后，为了让卖点更形象，可以在适当的位置配上图片，比如可以在"一抹即平"后面配上挂烫机熨烫衣服的动图，体现一抹即平的效果；再如可以在"搞定一条裙子了"后面配上普通挂烫机与本产品实测的加热对比图，体现本产品加热只需40秒。

 小贴士

结合新媒体平台的内容特点，在完善产品卖点时不能太专业化，而应口语化，用消费者便于理解的语言进行产品介绍。

5.4 给文字配上合适的插图

在新媒体软文中，图片扮演着重要的角色，好的配图可以为文章增分不少。但对于很多新媒体创作者来说，如何找到合适的图片、该配哪些图，是他们在配图时常遇到的问题。

5.4.1 新媒体配图的几种类型

新媒体软文的配图类型是根据内容决定的，总的来看，新媒体软文中搭配的图片有以下几种类型。

1）产品实拍图

产品实拍图主要放在软文的产品介绍中，通过实拍图片让消费者了解到产品的优势，如图 5-21 所示。

图 5-21　产品实拍图

2）美化式图片

这种图片的作用在于美化文章排版，减轻文章的阅读压力，多为生活场景、风景、餐饮美食、人物等类型的摄影图片，如图 5-22 所示。

图 5-22　美化式图片

3）截图

在新媒体软文中截图用得也比较多，比如要引用电影或电视节目中的台词，那么常常就会以截图的方式呈现；要阐述微博热搜中的某一热点话题，会对话题进行截图；要说明一个产品卖得好，会截取网店销量数据进行论证；要介绍软件的使用方法，会截图操作步骤，如图 5-23 所示。

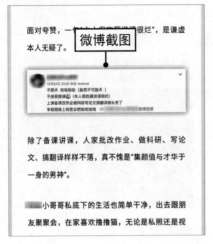

图 5-23　截图

4）强调式图片

对于一些需要强调的信息，会在新媒体软文中以图片形式进行展示，以加深用户的印象，如图 5-24 所示。

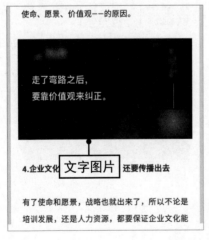

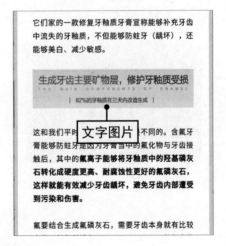

图 5-24　强调式图片

5）说明式图片

对于比较复杂的内容，用文字可能无法表达清楚，这是使用说明式的图片，可以让内容更形象、易懂，如图表、流程图、信息图、思维导图等，如图 5-25 所示。

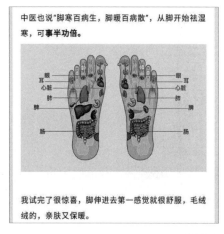

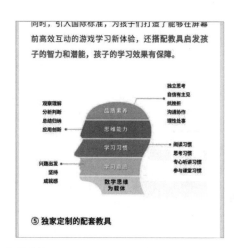

图 5-25 说明式图片

6）漫画式图片

漫画式图片包括暴走漫画、插画、表情包等，漫画式图片可以让软文阅读起来更轻松，从而增加文章的趣味性，如图 5-26 所示。

图 5-26 漫画式图片

7）GIF 动图

GIF 动图在新媒体软文中越来越常见，相比图片，它具有动态效果，表述能力会更强，在软文中配上幽默的动图也能使文章的表达方式更有趣，在娱乐类软文中 GIF 动图使用得较多。

5.4.2 自媒体配图的常用工具

很多自媒体人在编辑软文的过程中，会花很多时间找配图，利用以下一些图片工具，可以帮助我们节省找图的时间。

1）创客贴

创客贴（https://www.chuangkit.com/）是一款简单易用的平面设计制图软件，提供了很多实用的新媒体图片模板，只需简单修改模板中的文字和图片，就可以完成一张配图的制作，图 5-27 为创客贴新媒体配图模板页面。

图 5-27　创客贴新媒体配图模板页面

2）摄影图库

高清摄影图片可以在一些素材网站中找到，如千图网（https://www.58pic.com/）、摄图网（http://699pic.com/）、包图网（https://ibaotu.com/）等，只不过在这类网站下载图片通常需要付费购买。

除了素材网站外，在一些免费的图片分享网站中，也可以找到高清摄影图片，如 pixabay（https://pixabay.com/）、Unsplash（https://unsplash.com/）、Pexels（https://www.pexels.com/）、Foodiesfeed（https://www.foodiesfeed.com/）、泼辣有图（http://www.polayoutu.com/）、沙沙野（https://www.ssyer.com/）等，图 5-28 为 Unsplash 网站首页。

图 5-28　Unsplash 网站首页

3）表情包 /GIF 动图

寻找表情包和 GIF 动图的网站也很多，这里介绍几个比较实用的网站，如表 5-1 所示。

表 5-1　表情包 /GIF 动图网站

渠道	介绍
SOOGIF	（https://www.soogif.com/）支持动图搜索和动图制作，网站中有明星娱乐、萌宠类的动图，也可以通过分类筛选动图
我爱斗图	（https://www.52doutu.cn/）是以表情包在线制作为主题的工具网站，网站中提供了大量的表情模板和成品表情图
斗图啦	（https://www.doutula.com/）提供了很多有趣的表情包，可通过搜索关键词搜索表情包
微博表情包博主	在微博上有很多专门提供表情包的博主，这些博主发布的表情包都比较生活化，只不过很多时候需要经过二次加工才能使用

4）图片搜索

在为新媒体配图时，也可以通过百度图片（https://image.baidu.com/）关键词搜索的方式找配图。只不过百度图片搜索出来的图片可能会比较陈旧，画质也并非全是高清的，有的会有水印，需要创作者筛选和加工，图 5-29 为百度图片首页。

图 5-29　百度图片首页

5.4.3 软文配图应注意的要点

在新媒体软文中，相比文字内容，读者更容易记住一张有趣或好看的图片，为了让图片发挥好的作用，在配图时应注意以下几个要点。

◆ **选择高清图片**：不管是摄影图、还是产品图或者表情包，被选择的图片一定要是高清的图片。

◆ **注意图片压缩问题**：在很多新媒体平台上传图片，由于后台对图片尺寸的限制会导致压缩图片，使得部分图片看起来不清晰。这种情况下，在上传图片时就要注意平台对图片尺寸的要求，另外，可以将 JPG、PNG、GIF 几种格式的图片都上传到后台，对比效果，再选择清晰度更高的图片。

◆ **要与文章有联系**：在为新媒体软文配图时，应注意不能为了配图而搭配一些无关紧要的图片。图片一定要是与文章有联系的，即使是美化式图片也要与文章的内容基调相符。一些看起来很好看，但与公众号定位或者与文章不符的图片要舍弃。

◆ **注意图片色彩**：很多图片都是有色彩的，好的配图，其色彩应该与文章整体相协调，比如很多文艺类自媒体的软文配图大多是小清新风格的图片，色彩多偏粉色、薄荷绿等，看起来很温馨、浪漫。

◆ **注意版权**：新媒体软文本质属于广告，因此配图时应注意图片版权问题，明确图片是否支持商用，除此之外，就是在文章中注明图片的出处。

5.4.4 内容截图的几种方式

截图是新媒体软文常用的配图方式，截图的方法有很多种，下面介绍几种简单方便的截图方式。

1）360 浏览器截图

当要截取网页上的图片时，可以使用 360 浏览器提供的截图工具。打开 360 浏览器后，在菜单栏单击"截图"按钮，截图屏幕后，单击"完成"按钮，如图 5-30 所示。

图 5-30　使用 360 浏览器截图

2）视频播放器截图

当要截取电视节目台词时，可以使用视频播放器提供的截图功能。打开视频播放器后，单击照相机图标按钮，在打开的对话框中单击"保存到相册"按钮，即可实现截图，如图 5-31 所示。

图 5-31　对视频进行截图

4）手机截屏工具

要对手机上的内容进行截图，可以使用手机自带的截屏功能，不同手机的截屏功能的快捷键有所不同，大多数为同时按"菜单键和音量−"。另外，有的手机支持截屏快捷键设置，通常情况下，可以单击设置图标按钮，在设置页面中进行截屏设置，如图 5-32 所示。

图 5-32　手机截屏快捷键设置

5.4.5 ▸ 设计新媒体常用的二维码

二维码在新媒体软文中使用得很多，网址、名片、公众号、文件等都可以制作成二维码，下面就来看看如何为链接生成二维码。

进入草料二维码生成器界面（https://cli.im/），在打开的页面中单击"网址"超链接，在打开的页面中输入网址，单击"生成二维码"按钮，如图 5-33 所示。

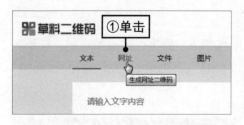

图 5-33　进入草料二维码

二维码生成完成后，单击"保存图片"按钮，在打开的对话框中设置二维码名称、保存位置，单击"下载"按钮，如图 5-34 所示。

图 5-34　下载二维码

生成二维码之后，根据新媒体软文内容的需要，还可以在创客贴中设计二维码海报，下面来看看如何制作。

进入创客贴网站首页并登录，单击"模板中心"超链接，在打开的页面中单击"新媒体配图"选项卡，如图 5-35 所示。

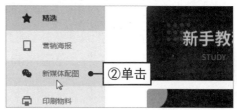

图 5-35　进入创客贴

在打开的页面中选择一个合适的模板，在打开的页面中单击"上传"按钮，如图 5-36 所示。

图 5-36　选择模板

拖动二维码图片到上传窗口，在编辑窗口拖动二维码图片调整其大小和位置，如图 5-37 所示。

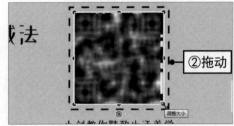

图 5-37　上传图片

根据内容要求修改文字内容，单击"下载"按钮下载制作好的图片，如图 5-38 所示。

图 5-38　下载图片

5.4.6 GIF 动图的制作

对于新媒体软文中需要使用的 GIF 动图，也可以使用一些软件进行制作，比如 Photoshop、PC 版美图秀秀、在线 GIF 编辑器等。以 SOOGIF 为例，进入网站首页并登录，切换至"多图合成 GIF"选项卡，上传图片后进行动图制作，如图 5-39 所示。

图 5-39　多图合成 GIF

软文结尾的设计制作

相比新媒体软文的开头，结尾会更多地承担营销推广的作用，而且好的结尾能够提高软文的留客率。那么如何才能让新媒体软文的结尾实现好的营销效果呢？

➤ 用结尾加深读者印象
➤ 用结尾引导消费者行动
➤ 总结全文明确文章核心观点
➤ 呼应开头重申内容主旨
➤ 重申主题与标题产生共鸣
➤ 趣味结尾让大会心一笑

➤ 自然收尾恰到好处
➤ 结尾引导下单购买
➤ 如何引导关注和点赞
➤ 提问式结尾加强互动
➤ 提高新媒体账号涨粉率
➤ 转发活动让用户主动分享

PLAY

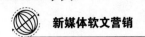

6.1 新媒体软文结尾的作用

软文开头的主要作用是吸引读者阅读文章，提高完读率，而软文结尾主要有两大作用，一是加深读者印象；二是引导消费者做出行动，包括关注、下单等。

6.1.1 用结尾加深读者印象

对于大多数较长的新媒体软文来说，内容都比较丰富，为了让读者能够对文章要表达的重要信息有一定的印象，通常会在结尾进行强调或者总结，如图 6-1 所示。

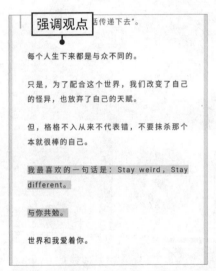

图 6-1 新媒体软文正文和结尾内容

图 6-1 左图截取的是文章中间部分的内容，图 6-1 右图截取的是文章结尾内容，从中可以看出，在正文中阐明了和别人不一样可以让自己变优秀的观点，在结尾部分再次强调格格不入不是错。通过结尾对文章主旨思想进行强调，让文章观点更深入人心。

6.1.2　用结尾引导消费者行动

对很多种草类新媒体软文来说，常常需要在结尾处引导消费者进行消费。以吸尘器产品软文为例，在正文中说明了活动优惠力度，在结尾部分阐明活动时间并对优惠内容进行再次总结，营造出"限时"这一紧迫感，同时用向下手指符号引导消费者点击链接，如图 6-2 所示。

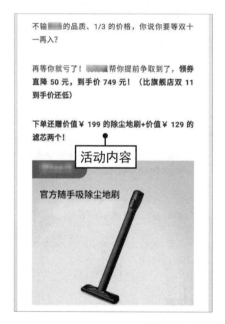

图 6-2　吸尘器产品新媒体软文

6.2　软文结尾的几种形式

新媒体软文并没有固定的结尾方式，根据文章内容的不同，其结尾形式也可以有多种变化，下面介绍几种常用的结尾形式。

6.2.1 总结全文明确文章核心观点

在新媒体软文的结尾，可以对文章的主要观点进行总结，为读者厘清思路。

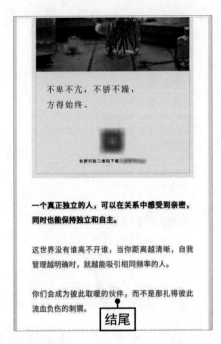

图 6-3　总结全文式结尾

图 6-3 中的软文，以刺猬法则这一心理学定律开头，紧接着对刺猬法则进行了解释，引出"人与人之间的相处就像刺猬"。在结尾时，则对全文观点进行了总结，告诉读者"自我管理，保持适当的距离，可以让彼此的关系更舒服，而不是刺猬"。

6.2.2 呼应开头重申内容主旨

对于总分总布局的新媒体软文来说，结尾很多时候都可以围绕开头内容来写，从而实现首尾呼应。首尾呼应可以让文章结构看起来完整，同时也起到了强调内容主旨的作用。

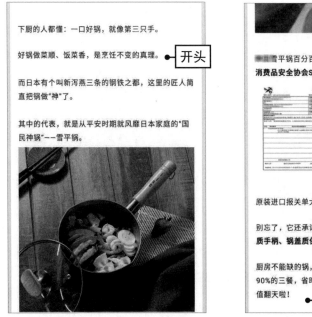

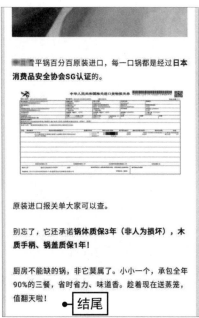

图 6-4　呼应开头式结尾

　　图 6-4 为雪平锅产品软文的开头和结尾部分，从文章内容可以看出，开头为"下厨的人都懂：一口好锅，就像第三只手"，明确本文的核心——好锅，结尾为"厨房不能缺的锅，非它莫属了……"，与开头内容相呼应，使得首尾紧密联系在一起，让读者明确本文中推荐的锅就是好锅。

6.2.3　重申主题与标题产生共鸣

　　有的新媒体软文的标题是对文章内容的提炼，对于此类新媒体软文，在撰写结尾时可以重申一次文章主题，让结尾与软文的标题相共鸣，给读者留下深刻的印象。

　　这种结尾撰写方式，也是我们常说的点题，即在结尾处，将软文的中心思想表达出来。图 6-5 为标题"若非生活所迫，谁愿一身才华"的新媒体软文的结尾。

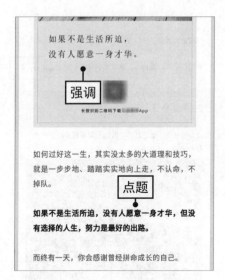

图 6-5　点题式结尾

该文章的结尾阐述了"如果不是生活所迫，没有人愿意一身才华"这一中心思想，直接点题。同时还用文字图片的方式对这一主旨思想进行了强调，与标题相呼应。

6.2.4　趣味结尾让人会心一笑

新媒体软文的结尾也可以很有趣，特别是对语言风格本身比较活泼有趣的软文来说，结尾可以用逗趣调侃类的文字让读者感到生动有趣。

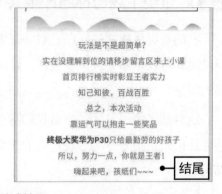

图 6-6　趣味式结尾

图 6-6 的软文，整体文字风格是很有趣的，结尾则采用诙谐调侃式的话语引导读者做出行动。

6.2.5　自然收尾恰到好处

对于很多盘点类、技巧类新媒体软文来说，结尾通常不会有很多累赘的话，而是在讲述完方法、技巧后就直接收尾，使软文阅读起来干净利落。

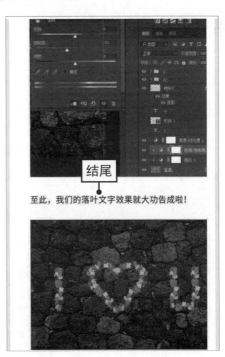

图 6-7　自然收尾式结尾

图 6-7 为 Photoshop 技巧分享的软文，在讲述完用 PS 将树叶拼成"我爱你"字样的方法后，直接给出了最终效果图，同时文章也自然收尾，并没有进行过多的总述。

6.3 诱发行动的结尾设计

在软文中讲述完故事、表明观点后，结尾常常需要诱发读者行动，如关注、评论或购买。那么结尾要如何设计才能促使读者行动呢？这需要新媒体创作者设计出有互动性的结尾。

6.3.1 结尾引导下单购买

对很多电商卖家和品牌方来说，引导其购买产品是进行新媒体软文营销的重要目的，那么结尾要如何设计才能起到引导下单的作用呢？

1）明确购买方式

在软文的结尾处要给出明确的购买方式，常用的方式是二维码海报、链接和淘口令，如图6-8所示。

图6-8　在软文结尾明确购买方式

2）利益诱惑

为了让读者尽快做出购买行动，还可以在结尾进行利益设计，如限时特惠、优惠券、满减、买就送等优惠活动，通过这种优惠活动可以诱发读者下单。如果店铺有多个优惠活动，那么可以在结尾将活动信息以海报形式进行展示，让读者看到活动力度，从而进行点击或扫码，如图6-9所示。

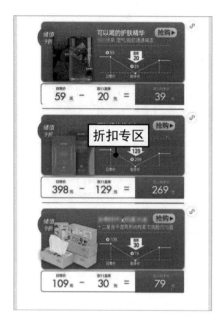

图 6-9　展示多个活动信息

6.3.2　如何引导关注和点赞

对于许多企业和自媒体来说，为了给自己的新媒体账号引流，会在文章的结尾放上二维码名片，让阅读到该文章的读者通过扫码的方式关注，从而为账号积累粉丝。

在二维码名片前一般要带一句引导性的话术，如长按识别二维码，欢迎把我们推荐给你的家人和朋友哟、长按关注××（新媒体账号名）、扫码关注，获取××（福利）、长按扫码、分享朋友圈等。通过"引导 + 二维码名片"的方式，可以诱发读者扫码关注，成为我们的粉丝，如图6-10所示。

图 6-10 "引导 + 二维码"关注名片

对于无法添加二维码卡片的新媒体平台来说，则可以在结尾写上"更多
××请关注"并带上关注链接或卡片，以引导读者，如图 6-11 所示。

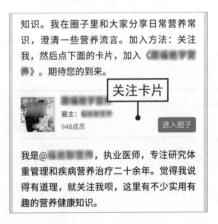

图 6-11 用文字方式引导关注

点赞在一定程度上可以体现文章受欢迎的程度，同时也有助于新媒体软文
的二次传播。所以在软文中，对点赞进行引导，可以提高文章的平均点赞率。
因此，在文章的结尾，可以以文字或符号提示的方式引导点赞。以微信公众号
和今日头条文章为例，可以在"在看"上方用靠右的独立段落引导"点个在看呗"，
也可以在文末以文字的方式提示，如图 6-12 所示。

图 6-12 结尾引导点赞

6.3.3 提问式结尾加强互动

很多新媒体平台，会根据互动量判断文章的好坏，然后通过智能算法给予推荐量。读者互动量越高，平台给予的推荐量也会越高，而影响互动量的其中一个重要指标就是评论数。在新媒体软文中，可以通过提问式结尾引导读者积极评论，从而提高文章的评论数，如图 6-13 所示。

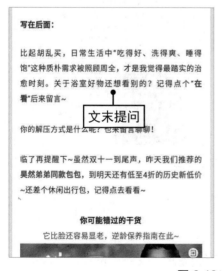

图 6-13 提问式结尾

此外，还可以在文章结束后以话题讨论的方式引导读者评论，话题可以与账号定位和主要内容方向相关，也可以是当前文章内容的引申，如图 6-14 所示。

图 6-14　插入话题提高互动率

为调动读者积极互动，还可以设计评论有礼的活动，这样可以大大提高文章的评论量，如图 6-15 所示。

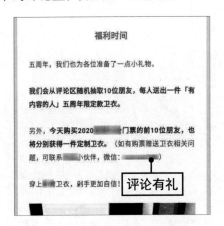

图 6-15　评论有礼活动

6.3.4　提高新媒体账号涨粉率

很多运营者在运营自己的新媒体账号时会发现，文章的阅读量比较高，但账号的涨粉率却不容乐观，面对这种情况，可以在结尾处设计一些"好处"，这样相比提示关注，可以更快地实现涨粉，如图 6-16 所示。

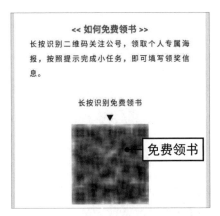
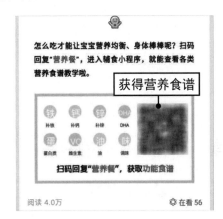

图 6-16　用福利引导关注

在结尾给予"好处"的同时，对新媒体账号进行简单介绍，让读者对账号的定位有一个认知，如图 6-17 所示。

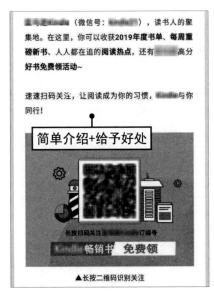

图 6-17　用"福利 + 简单介绍"引导关注

6.3.5 转发活动让用户主动分享

用户的转发可以提高文章的曝光度和影响力，那么怎样才能让用户转发我们的文章呢？新媒体运营者可以在新媒体平台策划转发活动，让用户通过转发的方式参与，如转发朋友圈集赞、微博转发抽奖等，如图 6-18 所示。

图 6-18 转发活动让用户主动分享

小贴士

不同的新媒体平台，活动类型和方式会有所不同，因此，在新媒体软文中设计福利活动时，要注意平台特征，策划出符合平台特性的活动。

软文内容的
排版与设计

第7章

对于一篇优质的新媒体软文来说，排版就如"美颜滤镜"，能提高文章整体的美感，降低阅读障碍，更好地体现文章的内在价值。作为新媒体运营人，排版也是我们必须要掌握的一项基础技能，本章介绍如何通过排版提升新媒体软文的阅读体验。

➤ 常用的排版工具有哪些
➤ 快速搞定软文基础排版
➤ 新媒体基础排版套路
➤ 样式的修改和传递
➤ 在正文内容中插入表格
➤ 添加自媒体常用的删除线
……

➤ 从微信公众号中获取样式
➤ 将图文复制到微信后台
➤ 排版检查和细节微调
➤ 新媒体图文排版的常用方式
➤ 给图片添加边框和阴影
➤ 新媒体营销海报设计

7.1 完整排版一篇新媒体软文

很多创作者在策划新媒体软文时，会花很多精力在找热点、取标题上，但对排版却不够重视，结果导致读者因混乱的图文而退出。辛辛苦苦写出来的软文，因排版不好而导致转化不高是很不划算的。对新媒体创作者来说，只要掌握了一定的排版方法，便可以快速排出专业的新媒体软文。

7.1.1 常用的排版工具有哪些

很多新手新媒体创作者会有这样的疑问：为什么他人可以几分钟排完一篇文章，自己却要花半个小时，甚至几个小时，且美观度还不尽如人意。很重要一部分原因在于工具的使用，相比使用新媒体平台自带的文章编辑器，用排版工具编辑新媒体文章，效率和效果会更佳，下面推荐几种比较实用的新媒体排版工具。

1）135 编辑器

135 编辑器（https://www.135editor.com/）是一款图文排版编辑器，它提供了丰富的内容样式，支持一键排版、图片素材编辑等功能，图 7-1 为 135 编辑器首页。

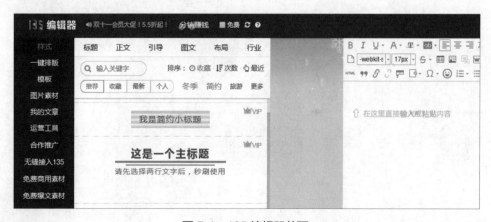

图 7-1　135 编辑器首页

2）秀米 XIUM

秀米 XIUM（https://xiumi.us/）提供图文排版工具和 H5 海报制作工具，其中，图文排版是专门为微信公众号文章提供文本内容美化的编辑工具，H5 海报提供在线动态 H5 海报制作。秀米有很多丰富的模板素材，可以按用途、行业、风格等进行模板筛选，图 7-2 为秀米风格排版筛选页面。

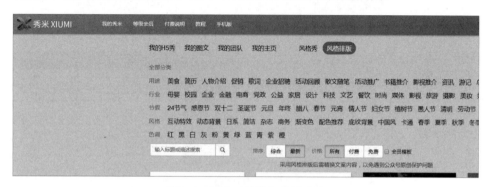

图 7-2　秀米风格排版筛选页面

3）i 排版

i 排版（http://ipaiban.com/）是一款排版效率高、界面简洁的微信排版工具，提供了很多样式，包括主题样式、节日样式、模板样式、特色样式等，可根据需要进行选择，如图 7-3 所示。

图 7-3　i 排版图文编辑页面

7.1.2 快速搞定软文基础排版

新媒体软文的排版切忌花里胡哨，应以简洁为主，排版时先排整体，再调整细节，可以让排版更快速。下面以 135 编辑器为例，来看看如何排版一篇新媒体软文。

进入 135 编辑器，在编辑栏中粘贴文章内容，在样式搜索栏中搜索需要的排版样式，如输入"滑动"，如图 7-4 所示。

图 7-4　搜索样式

在编辑页面选中要应用该样式的文字内容，在搜索结果中选择样式，如图 7-5 所示。

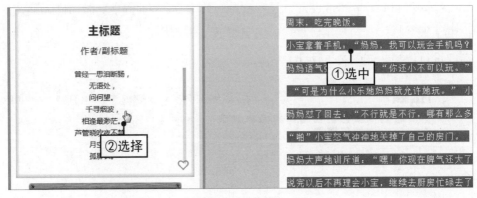

图 7-5　选择样式

选择正文内容，在菜单栏中设置字体样式和字号，这里将字体设置为"微软雅黑"，将字号设置为 14px，再根据需要设置行间距、两侧边距等，如图 7-6 所示。

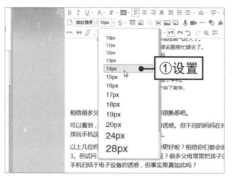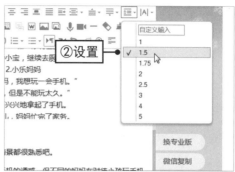

图 7-6　设置字体格式

选中标题，在标题样式中选择一种样式，按照同样的方法为其他文字内容应用适合样式，即可完成内容排版，如图 7-7 所示。

图 7-7　应用标题样式

将鼠标光标定位在需要插入图片的位置，单击"单图上传"按钮，在本地电脑中选择图片，单击"打开"按钮，如图 7-8 所示。

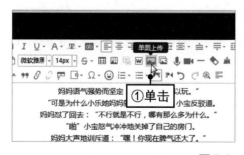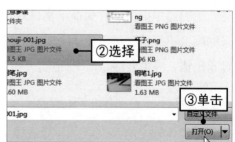

图 7-8　上传图片

完成所有内容样式的应用、图片上传以及字体格式的调整后，单击"保存同步"按钮，保存图文内容，如图 7-9 所示。

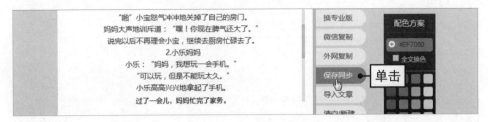

图 7-9　保存图文内容

在使用 135 编辑器对新媒体软文进行排版时，对字体格式相同的内容，可以使用格式刷快速对指定文本应用相同的格式。选择需要作为格式刷的文本，在菜单栏单击"格式刷"按钮，再选择需要刷格式的文本，如图 7-10 所示。

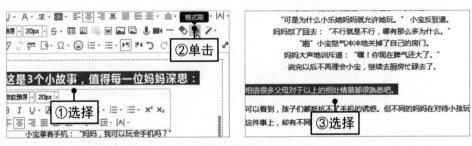

图 7-10　使用格式刷功能

7.1.3　新媒体基础排版套路

编辑器中提供的样式很丰富，对于新手来说，为避免经验不足导致搭配出来的图文不好看，可以使用一些基础的排版套路来排版，让搭配出来的图文不容易出错，应主要注意以下几点。

1）字号、字间距和字体颜色

新媒体软文的正文字号一般选择 14 ~ 16px，字间距一般选择 1.5 ~ 2，字体样式一般选择黑色偏灰的色彩，如 #3f3f3f。对于文章中要突出显示的大号文字，要相应地缩小字间距；标注类的小号文字，则要相应地增加字间距，如图 7-11 所示。

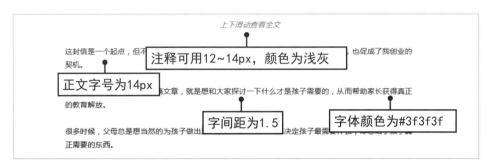

图 7-11　字体格式设置

2）段落间距

正文的行间距一般为 1.5 ～ 1.75，段落间距一般采用直接空行的方式，首行一般不缩进，对齐方式为两端对齐，使内容均匀分布。段落的两侧可以有一定的间距，但不宜太大，一般用 5 ～ 10 的边距，如图 7-12 所示。

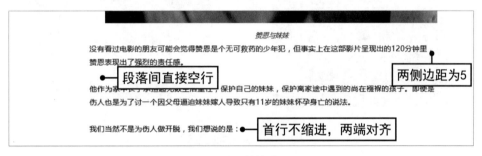

图 7-12　段落格式设置

3）小标题

长篇幅的新媒体软文一般分为多个小节，每个小节用小标题进行分段，小标题的字号要比正文大，一般选择 16 ～ 20px，字体颜色要与正文有所区别，尽量选择简洁清爽的标题样式，可带序号，也可不带序号，如图 7-13 所示。

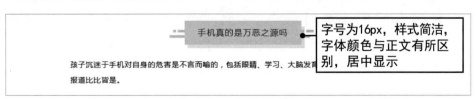

图 7-13　小标题格式

4）文章配图

新媒体软文中的配图一般采用多段文字配一张图片的方式，或一个手机屏放一张图片，图片居中展示。图片大小不可超过文字左右侧边距，正文与图片之间空行，如图 7-14 所示。

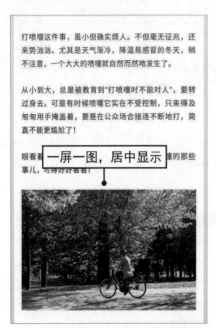

图 7-14　文章配图格式

7.1.4　样式的修改和传递

在一篇新媒体软文中，会使用多个相同的样式，当对文章中样式的颜色、宽度比例进行修改后，使用传递功能，使其他对应的样式同步修改，下面以135 编辑器为例，来看看具体操作。

在编辑页面中选择要修改颜色和宽度比例的样式，在打开的下拉列表中滑动调整宽度比例进度条调整样式的宽度。保持该样式的选择状态，在右侧配色方案中选择一种合适的颜色，如图 7-15 所示。

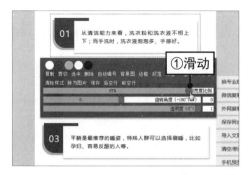

图 7-15　调整样式宽度和颜色

完成样式修改后，单击"传递"按钮，此时可以看到其他样式也对应着修改了宽度比例和颜色，如图 7-16 所示。

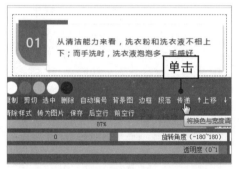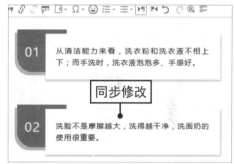

图 7-16　样式传递

7.1.5　在正文内容中插入表格

有时在新媒体软文中需要使用表格，135 编辑器中也提供了很多丰富的表格样式，创作者可以根据内容选择合适的表格样式，同时还可以对表格进行修改，下面来看看如何使用表格功能。

在样式搜索框中输入"表格"，在搜索结果中根据内容选择一个合适的表格样式，在右侧编辑区修改表格内容，如图 7-17 所示。

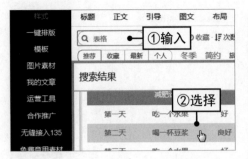 

图 7-17　应用表格样式

右击表格，在弹出的快捷菜单中选择"表格"命令，在打开下拉列表中可进行删除当前行、前插入行、向下合并等操作，这里选择"设置表格边线可见"命令。右击表格，选择"单元格对齐方式／居中"命令，调整单元格的对齐方式，如图 7-18 所示。

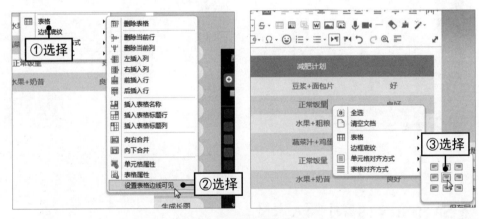

图 7-18　修改表格样式

根据需要，还可以对表格的对齐方式、边框底纹、宽度比例、透明度等进行修改。

7.1.6　添加自媒体常用的删除线

很多自媒体在编辑文章时，为了让内容看起来有趣俏皮或为体现价格上的优惠，会给部分文字添加删除线。

图 7-19　删除线在新媒体软文中的应用

从图 7-19 的内容中可以看出，删除线可以打破平淡，让文字内容显得有趣。同时也能体现原价与优惠后价格的不同，以吸引读者注意。

在 135 编辑器中，为文字添加删除线比较简单，选中要添加删除线的文字后，在弹出的快捷菜单中单击"删除线"按钮即可，如图 7-20 所示。

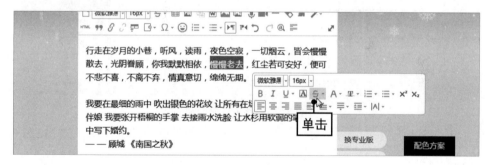

图 7-20　为文字添加删除线

7.1.7　从微信公众号中获取样式

在微信公众号中看到排版比较优秀的文章时，可以将该文章进行收藏，在自己排版软文时，就可将收藏的部分排版样式应用到当前软文中，下面来看看如何操作。

在网页中打开一篇微信公众号文章，右击要使用的样式内容，在弹出的快捷菜单中选择"复制"命令。将内容粘贴到 135 编辑器中，如图 7-21 所示。

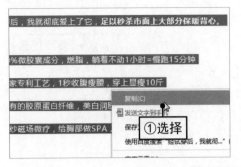
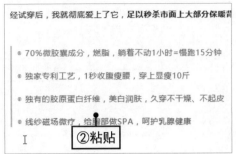

图 7-21　复制内容

粘贴样式后，再修改文字内容即可，此时可以看到，字体颜色、大小以及段落间距等都未发生变化，如图 7-22 所示。

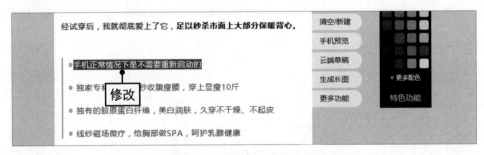

图 7-22　修改文字内容

7.1.8　将图文复制到微信后台

在 135 编辑器中排版完一篇软文后，我们可以将图文内容复制到微信公众平台进行存储或发布，下面来看看具体操作。

在 135 编辑器右侧列表中单击"微信复制"按钮（如果要将文章复制到其他新媒体平台，则单击"外网复制"按钮），如图 7-23 所示。

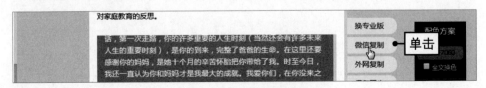

图 7-23　复制图文内容

进入微信公众平台（https://mp.weixin.qq.com/），输入账号和密码，单击"登录"按钮，在打开的页面中使用微信扫码，如图 7-24 所示。

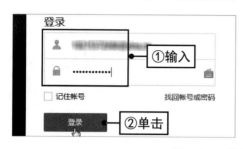

图 7-24　登录微信公众平台

扫码后在手机上单击"确定"按钮，返回微信公众平台，单击"素材管理"超链接，如图 7-25 所示。

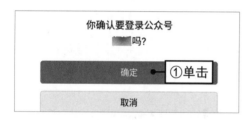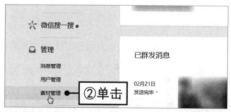

图 7-25　进入微信公众平台

在打开的页面中单击"新建图文素材"按钮，在正文编辑框中按 Ctrl+C 组合键粘贴内容，如图 7-26 所示。

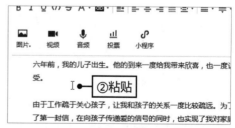

图 7-26　粘贴内容

在标题编辑框中输入标题内容，设置封面，单击"保存"按钮保存图文素材，如图 7-27 所示。

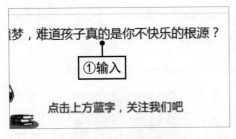
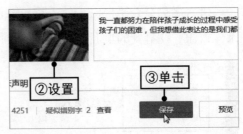

图 7-27　保存图文素材

7.1.9　排版检查和细节微调

将图文内容复制到微信公众平台后，还应对排版和内容进行检查，以保证内容的正确性。检查时，最好对照手机进行预览，保证图文排版能适应手机屏幕。

将图文内容发送到手机预览的操作比较简单，在公众平台图文编辑页单击"预览"按钮，在打开的页面中输入关注了该公众号的微信号，如图 7-28 所示。

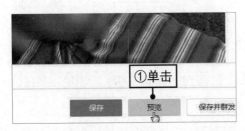

图 7-28　输入微信号

单击"确定"按钮，登录微信账号，在公众号中单击收到的临时预览链接，如图 7-29 所示。

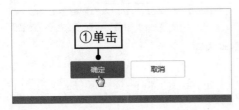
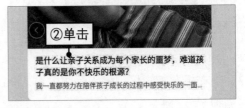

图 7-29　单击预览链接

通过临时预览链接检查内容时，要重点检查文中的错别字，以及是否有图文不对应、样式未对齐、标题未显示完全等错误，对于存在错误的内容要在微信公众平台中进行调整。

7.2 通过配图带来更好的阅读体验

图片在新媒体软文中扮演着重要的角色，是软文不可缺少的一部分。在新媒体营销中，配图也讲究美感，好的图片辅以好的排版，可以大大提高新媒体软文的"颜值"。

7.2.1 新媒体图文排版的常用方式

新媒体软文的图文排版方式有多种，常用的有上下图文、左右图文和多图排版等。

1）上下图文

上下图文是指图文上下排版，这种排版方式一般是一张图片搭配一段文字，图 7-30 为常见的上下图文排版方式。

图7-30　常见的上下图文排版方式

2）左右图文

左右图文是文字和图片左右排版，主要包括左文右图和左图右文两种方式，另外也可以左右图文交叉或双图布局，如图7-31所示。

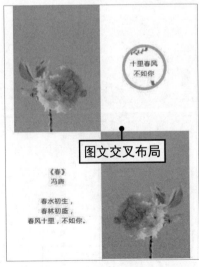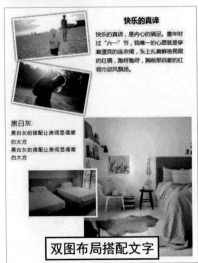

图7-31　常见的左右图文排版方式

在使用左右图文排版方式时，文字内容可以选择竖排，也可以选择横排，如图 7-32 所示。

图 7-32　文字竖排与横排

3）多图排版

对于电商类产品软文来说，在文案中常常需要展示产品的多方面细节，这时就需要利用多图布局方式排版，图 7-33 为三图错位布局方式。

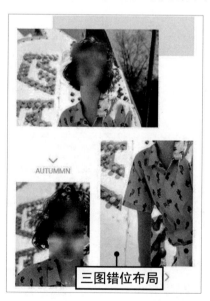

图 7-33　三图错位布局

除了三图错位布局外，四图布局在新媒体产品软文中也很常用，当要展示一张大图、多张小图时，就可以采用这种布局方式，如图 7-34 所示。

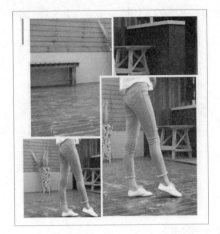 

图 7-34　四图布局

7.2.2　给图片添加边框和阴影

为了让图片看起来更协调、有立体感，在进行新媒体软文排版时，我们会给部分图片添加边框和阴影，下面以 135 编辑器为例，来看看如何给图片添加边框。

在 135 编辑器中选择要添加边框的图片，单击"图片边框阴影"超链接，选择一种图片边框阴影样式，如图 7-35 所示。

图 7-35　选择图片边框阴影样式

单击"颜色"色块，在打开的面板中选择边框颜色，拖动滑块可调整圆角大小，如图 7-36 所示。

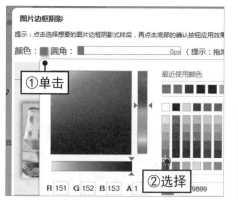

图 7-36　调整边框颜色和圆角大小

完成调整后单击"应用到当前图片"或"应用到全文所有图片"按钮，这里单击"应用到当前图片"按钮，如图 7-37 所示。

图 7-37　应用图片边框阴影样式

按照上述操作对图片进行边框和阴影调整后，可以看到图片看起来更有立体感了，如图 7-38 所示。

图 7-38　调整边框和阴影前后对比

7.2.3 新媒体营销海报设计

在新媒体营销过程中，常常需要使用营销海报，营销海报有横版和竖版两种，在制作时应保证构图和排版安排得体，避免设计元素混乱导致海报内容难以阅读。横版海报常用以下几种排版方式，如图 7-39 所示。

图 7-39　横版海报常用排版方式

竖版海报的排版方式相比横版海报更具有多变性，常见的排版方式有以下几种，如图 7-40 所示。

图 7-40 竖版海报常用排版方式

7.2.4 信息流展现方式下的首图设计

目前，很多新媒体平台的内容展现都是以信息流的形式展现的，这使得首图变得更加重要，会直接影响图文的打开率，图 7-41 为微信订阅号内容和今日头条 App 内容的展现方式。

图 7-41　信息流展现形式

从图 7-41 可以看出，信息流展现形式下，封面首图扮演着吸引用户点击的重要作用。在设计新媒体软文的封面首图时，要注重以下几点。

1）注意重要内容区域

新媒体软文的首图大多是长方形的，重要的核心内容要放在图片的中间部分。这样即使图片被裁剪，也能保证重要信息可以被读者看到，如图 7-42 所示。

图 7-42　关键信息放在中间区域

2）底部和顶部留出干净位置

受新媒体平台内容展示方式的影响，很多时候标题会显示在图片的顶部或底部，为了保证标题能清晰展示，在制作首图时，最好在顶部和底部留出干净位置，如图 7-43 所示。

图 7-43　底部和顶部留出干净位置

3）图文有联系

在选择封面首图时，要保证标题与图片是有联系、贴合主题的，这样可以更准确地传达出内容和图片所要表达的含义，如图 7-44 所示。

图 7-44　图文有联系

4）重点文字突出

封面首图中如果有文字内容，那么重点的文字一定要突出，可从色彩、排版方面提高文字的冲击力，如图 7-45 所示。

图 7-45　重点文字突出

7.2.5　设计统一的封面页图片

当推送的公众号图文消息不止一条时，在订阅号消息显示页面除了会展示首图外，还会显示其他文章的标题和缩略图。在这种情况下，可以设计风格统一的封面页，使封面页看起来更加协调，如图7-46所示。

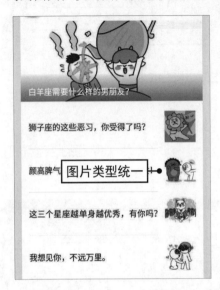

图7-46　风格统一的封面页

除了以上两种风格外，还可以以"文字＋统一背景""文字＋统一色彩"的方式设计封面页，如图7-47所示。

图7-47　文字风格式缩略图

7.3　为内容服务的文章配色

在新媒体软文排版中，影响文章阅读体验的还有色彩搭配。配色可以影响文章的基调，对于一些文字内容较多的软文来说，适当地用色彩点缀文章，可以减轻读者的阅读压力。

7.3.1　了解正确配色的原则

在进行新媒体软文排版配色前，首先要明确正确配色的原则。

1）配色符合文章风格

在为新媒体软文配色时，要根据文章的风格选择色彩，粉色、绿色就比较适合活泼、有趣、浪漫的内容，蓝色、金色、灰色就比较适合稳重、严肃的内容，如图 7-48 所示。

图 7-48　符合文章风格的配色案例

2）色系统一

在一篇文章中使用的主要色彩，色系应该统一。比如一篇文章选择了一个主要色彩，那么背景色、标题、需要强调的重要内容，都可以选择该色系，点缀色则可以有所区别，如图7-49所示。

图7-49　色系统一的文章配色

7.3.2 配色方案进行一键配色

在使用135编辑器编辑新媒体软文时，如果色彩比较混乱，这时可以使用"全文换色"功能，改变全文的样式颜色。在135编辑器的"配色方案"中选择一种颜色，选中"全文换色"复选框，如图7-50所示。

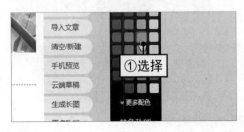

图7-50　使用全文换色功能

完成以上步骤后，编辑器会自动对全文样式进行色彩更换。根据文章内容要求，还可以对样式进行调整。选择要调整颜色的样式，在打开的列表中选择色块，在打开的色板中选择一种颜色，如图 7-51 所示。

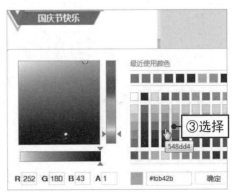

图 7-51　对部分颜色进行调整

除了全文换色功能外，135 编辑器还提供了随机换色功能，可以根据系统提供的样式进行色彩的随机更换。在"配色方案"栏中单击"特色功能"超链接，在打开的列表中单击"随机换色"按钮，如图 7-52 所示。

图 7-52　使用随机换色功能

7.3.3　巧用色彩表进行色彩搭配

在对新媒体软文进行图文配色时，可以利用色彩表进行色彩搭配，这样搭配出来的色彩更不容易出错，比较实用的配色表有以下几种。

1）在线配色器

在线配色器（http://www.peise.net/tools/web/）是一款在线配色工具，支

持单色搭配、互补色搭配、三角形搭配、矩形搭配、类似色搭配和类似色搭配互补色。在色环中选择色彩后，再选择搭配方案即可，如图 7-53 所示。

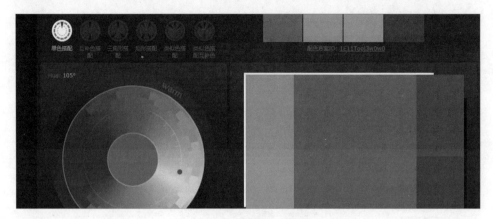

图 7-53　在线配色器首页

切换至"配色方案调节"选项卡，还可以对配色方案进行饱和度 / 明度的调整。在"色彩列表"中可以查看配色方案中各色彩的色值。

2）Adobe Color

Adobe Color（https://color.adobe.com/）是 Adobe 出品的配色工具，同样可以通过色环选择基色，色彩规则会根据选择的基色确保色彩平衡，如图 7-54 所示。

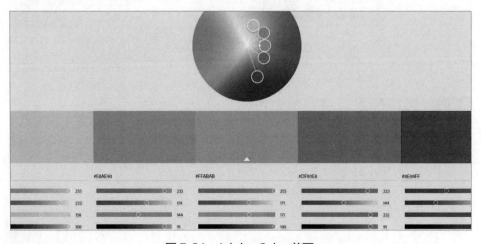

图 7-54　Adobe Color 首页

3）material desighpalette

material designpalette（https://www.materialpalette.com/）是一款调色板生成器，可以通过选择主色，再套用色彩的变化为文章配色，如图 7-55 所示。

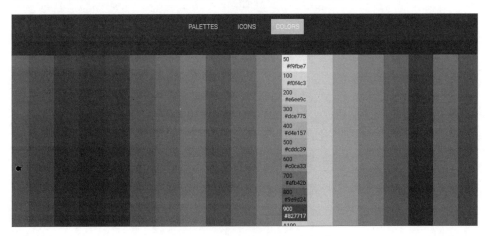

图 7-55　material palette 色彩表

4）C7TOOL

C7TOOL（http://tool.c7sky.com/webcolor）提供了常用的色彩搭配表，可以按风格选择色彩，如图 7-56 所示。

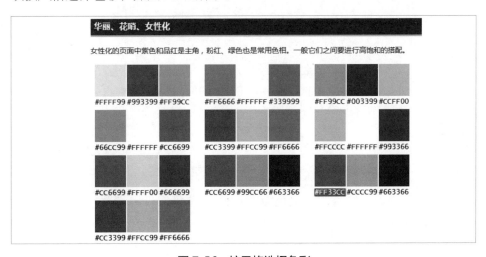

图 7-56　按风格选择色彩

根据配色工具选择到合适的色彩后，可以在 135 编辑器中的"配色方案"中输入色值，然后调整样式的色彩，如图 7-57 所示。

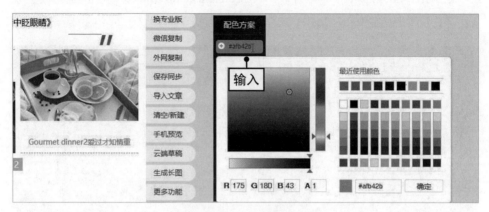

图 7-57　输入色值调整颜色

7.3.4　让文字实现渐变效果

渐变可以呈现出颜色逐渐变化的色彩效果，在新媒体软文排版中，也可以让文字呈现出渐变效果，具体操作如下。

在 135 编辑器中找到带有渐变色彩效果的样式，选择该样式，修改文字内容，如图 7-58 所示。

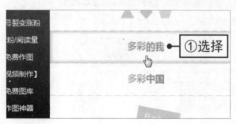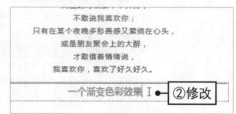

图 7-58　选择渐变样式

全选渐变文字内容，在配色方案中选择颜色，可以选择渐变的颜色，如图 7-59 所示。

图 7-59　选择渐变文字的颜色

7.3.5　对重点内容进行颜色突出显示

在新媒体软文中，对于比较重要的内容，可以用区别于主体色的色彩进行突出显示，比较常用的颜色有红色、橙色、黑色加粗等，如图 7-60 所示。

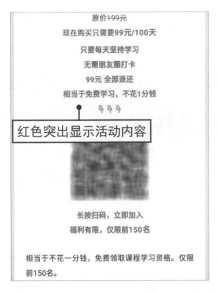

图 7-60　以颜色突出文字内容

对于要突出显示的文字内容，也可以为其添加背景色，这样同样可以让文字内容突出，如图 7-61 所示。

图 7-61　为文字添加背景色

在 135 编辑器中，为文字添加背景色比较简单，选择需要添加背景色的文字内容，在"背景色"下拉列表中选择色彩，如图 7-62 所示。

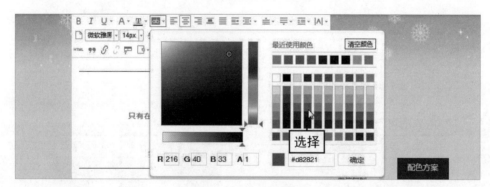

图 7-62　设置背景色

 小贴士

为文字添加背景色后，应注意文字本身的颜色要与背景颜色有所区别，这样才能保证文字内容清晰显示。

软文中植入推广信息的技巧

第8章

要让新媒体软文营销有"润物细无声"的效果，在推广信息的植入上就要巧妙，让读者很自然地接受广告内容，而不产生反感。本章就一起来看看在新媒体软文中，有哪些广告植入技巧可以帮助我们实现品牌和产品的推广。

▶ 新媒体软文中可插入广告的位置

▶ 内容中植入关键词

▶ 把广告隐藏在图片中

▶ 公众号利用原文链接跳转

▶ 在新媒体软文中插入视频广告

▶ 征集活动中植入品牌
……

▶ 过渡句衔接广告和主题

▶ 把"我"进行内容置换

▶ 结合痛点引出解决方案

▶ 新媒体软文中的痛点描绘

▶ 强调产品带来的"好处"

▶ 网络购物需要以实例证明

8.1 如何在软文中加入营销信息

在一篇新媒体软文中，营销推广大多是通过内嵌"软广告"来实现的，如何将文章内容与推广信息自然融合，是创作者在进行软文创作时需要考虑的。在新媒体软文中，植入广告的方式有多种。

8.1.1 新媒体软文中可插入广告的位置

文章的顶部、中部和尾部是大多数新媒体软文进行广告植入的位置。当需要利用新媒体账号积累粉丝量、加深读者对账号的印象时，就可以顶部植入账号的推广信息，如图8-1所示。

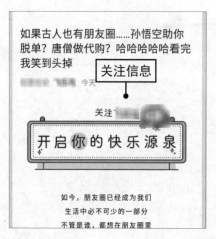 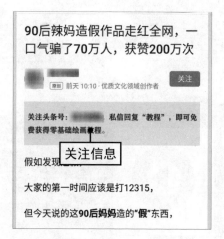

图8-1 顶部植入"关注"信息

新媒体软文中的中部，是引入广告信息的重要位置，广告形式有文字广告、图片广告、链接广告等。根据营销目的的不同，广告的形式也会不同，如以品牌宣传为目的的软文，就常在中间位置插入品牌信息或营销海报；以产品卖货为目的的软文，就常在中间位置插入链接广告，让读者能够通过链接进入详情页或者购买页面，如图8-2所示。

图 8-2　中部植入广告信息

　　新媒体软文的尾部也是广告植入的常用位置，尾部的广告有时与文章内容并不完全有联系，比如公众号文章尾部的贴片广告，如图 8-3 所示。

图 8-3　尾部植入广告信息

8.1.2　内容中植入关键词

　　关键词植入是新媒体软文常用的广告植入方式，软文创作者可以将推广信息以关键词的形式带入软文中，且该关键词可以出现多次。比如在门户网站发布一篇少儿英语品牌推广的软文，就可以在文章中以关键词的形式自然地带出企业的品牌名称，如图 8-4 所示。

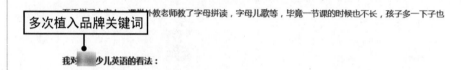

图 8-4　植入品牌关键词

上述软文是以英语试听经历分享的方式介绍英语品牌的，文章中多次以关键词的形式提到该英语品牌，既加深了读者对品牌的印象，又让读者了解到品牌的优势。

在软文中以关键词的形式植入推广信息时，要注意关键词的植入密度，不能堆砌关键词，否则会影响文章的阅读体验。一般来说，比较短的 500 字以内软文，品牌关键词出现 2 ～ 5 次就可以了；篇幅较长的 1000 字以上软文，可以相应地增加品牌关键词的次数，如 4 ～ 10 次左右。

8.1.3 把广告隐藏在图片中

在新媒体软文中，还可以把推广信息植入图片中。好看的图片能给读者留下深刻的印象，同时还可以赋予品牌价值感。在图片中植入广告，方式也有多种，具体内容如下。

1）图片水印

比较常用的在图片中植入推广信息的方式是图片水印，将企业 logo 或品牌信息以水印的方式放在图片中，再通过软文将打好水印的图片传播出去。如将公众号文章中的图片添加账号名水印，再分享到其他新媒体平台扩大影响力，如图 8-5 所示。

图 8-5　图片水印

此外，还可以将行业知识、技能技巧、科普内容等整理成图片，然后在图片中添加企业 logo 或新媒体账号信息，如图 8-6 所示。

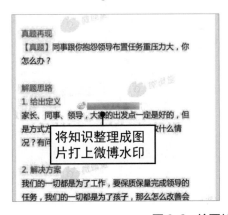

图 8-6　给图片打上微博账号水印

2）二维码图片推广

对于软文中的部分图片，可以为其添加二维码以实现引流。比如培训管理类新媒体账号，可以在软文中插入二维码福利海报，让读者通过扫码的方式获得福利。发布微博时可以加上二维码海报，让粉丝扫码，同时，粉丝也可以将该海报转发给好友，实现二次传播，如图 8-7 所示。

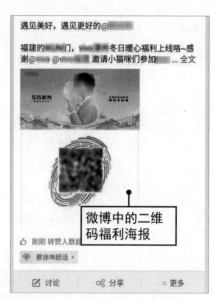

图 8-7　二维码图片海报

8.1.4 公众号利用原文链接跳转

在阅读公众号文章时，可以在底部看到"阅读原文"的链接，读者点击"阅读原文"超链接后，可以跳转至链接页面。对新媒体运营者来说，可以利用该链接做广告植入。

比如可以利用原文链接来推广微网站、引导读者进行活动页面、添加历史消息页面，让读者阅读公众号过往发布的文章，加深对账号的认识了解，图 8-8为利用原文链接推广微网站示例。

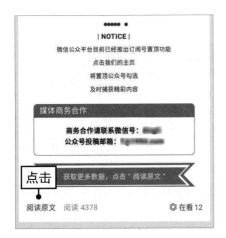 

图 8-8　利用原文链接跳转至网站

对于电商来说，可以通过公众号中的原文链接进行产品推广，如图 8-9 所示。

图 8-9　通过原文链接推广产品

根据营销推广的需求，新媒体运营者可以为"阅读原文"添加不同的链接，下面来看看如何在微信公众号平台进行原文链接设置。

登录微信公众号平台，单击"素材管理"超链接，在打开的页面中选择需要添加原文链接的图文内容，单击"编辑"按钮，如图 8-10 所示。

图 8-10　进入素材管理页面

选中"原文链接"复选框，在打开的对话框中输入链接地址，单击"确定"按钮，如图 8-11 所示。

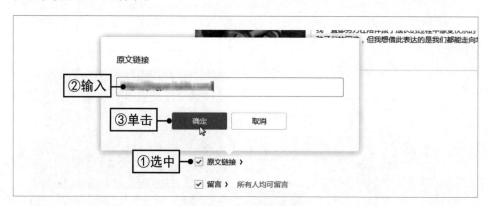

图 8-11　设置原文链接

8.1.5 在新媒体软文中插入视频广告

相比单纯的图文内容，视频更有感染力和代入感，因此，很多自媒体运营者会在新媒体软文中插入视频广告，将图文与视频结合起来进行营销。通过这样的方式，可以提高读者的关注度，让品牌形象和产品效果在读者心中更加印象深刻，图 8-12 为微信公众号和微博软文中的视频广告。

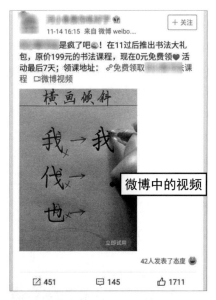

图 8-12　新媒体软文中的视频广告

下面以微信公众号为例，介绍如何在公众号文章中插入视频。在"素材管理"页面单击"视频"选项卡，在打开的页面中单击"添加"按钮，如图 8-13所示。

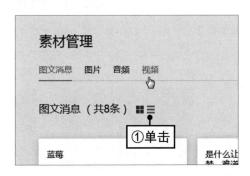

图 8-13　进入视频添加页面

在打开的页面中单击"上传视频"按钮，在本地电脑中选择视频，单击"打开"按钮，如图 8-14 所示。

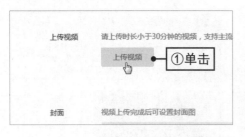

图 8-14　上传视频

视频上传完成后设置封面，选中"我已阅读并同意"复选框，单击"保存"按钮，如图 8-15 所示。

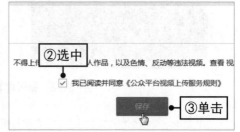

图 8-15　设置封面

在返回的页面中单击"图文消息"选项，在打开的页面中选择要插入视频广告的图文内容，单击"编辑"按钮，如图 8-16 所示。

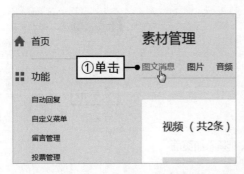

图 8-16　进入图文消息页面

进入图文内容编辑页面，将鼠标光标定位在要插入视频的位置，单击"视频"按钮。在打开的页面中选择视频，单击"确定"按钮，如图 8-17 所示。

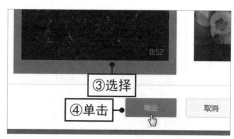

图 8-17　插入视频

在返回的页面中就可以查看到插入的视频了，完成图文内容的编辑后，保存即可。

8.1.6　征集活动中植入品牌

在新媒体软文中以互动征集活动的方式间接植入品牌，也能起到很好的营销效果。如在公众号软文中插入征集活动，活动胜出者可获得品牌的周边产品，通过这种方式可以在提高读者活跃度的同时，让品牌在潜移默化中深入人心，如图 8-18 所示。

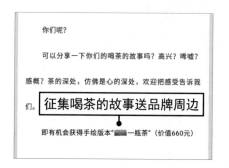

图 8-18　在征集活动中植入品牌

对于电商卖家来说，可以在电商平台发布晒单活动让粉丝参与，对中奖的粉丝送出店内产品或者优惠券，以实现产品的二次复购，图 8-19 为淘宝网中卖家发布的征集活动。

图 8-19　发起征集活动

8.2 ▶ 如何实现推广信息的自然转折

在部分新媒体软文中会出现太过急于求成，导致广告信息的植入生硬，影响内容本身精彩性的情况，那么如何才能将广告信息自然地植入文章内容中呢？

8.2.1 ▶ 过渡句衔接广告和主题

在新媒体软文中，常常需要一句过渡句或过渡段衔接内容和推广信息，比如一篇推广高效学习法课程的软文，在文章中先讲述了一个学霸的故事，介绍了他如何通过好的学习方法让自己成为同学眼中的学霸的，然后通过一个过渡句带出推广信息，使"高效学习法"这个课程很自然地被引出，如图 8-20 所示。

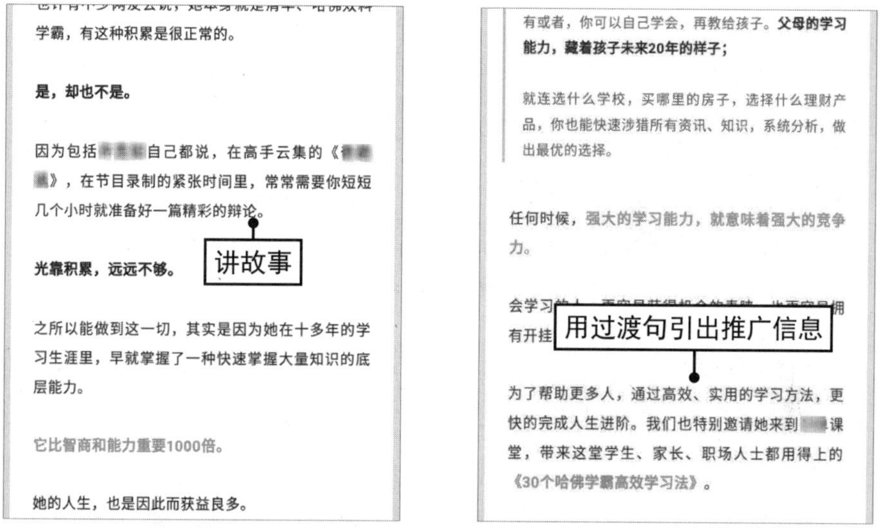

也许有许多两发会说，是率有就是清牢·哈佛效科学霸，有这种积累是很正常的。

是，却也不是。

因为包括████自己都说，在高手云集的《████》，在节目录制的紧张时间里，常常需要你短短几个小时就准备好一篇精彩的辩论。

光靠积累，远远不够。

> 讲故事

之所以能做到这一切，其实是因为她在十多年的学习生涯里，早就掌握了一种快速掌握大量知识的底层能力。

它比智商和能力重要1000倍。

她的人生，也是因此而获益良多。

有或者，你可以自己学会，再教给孩子。**父母的学习能力，藏着孩子未来20年的样子；**

就连选什么学校，买哪里的房子，选择什么理财产品，你也能快速涉猎所有资讯、知识，系统分析，做出最优的选择。

任何时候，强大的学习能力，就意味着强大的竞争力。

会学习的人，更容易获得机会的青睐，也更容易拥有开挂

> 用过渡句引出推广信息

为了帮助更多人，通过高效、实用的学习方法，更快的完成人生进阶。我们也特别邀请她来到████课堂，带来这堂学生、家长、职场人士都用得上的《30个哈佛学霸高效学习法》。

图 8-20　用过渡句衔接推广信息

示例中的过渡句可以提炼为：为了……（痛点），带来了……（推广信息）。该过渡句也可以用在其他产品软文中，特别是知识付费产品，如图 8-21 所示。

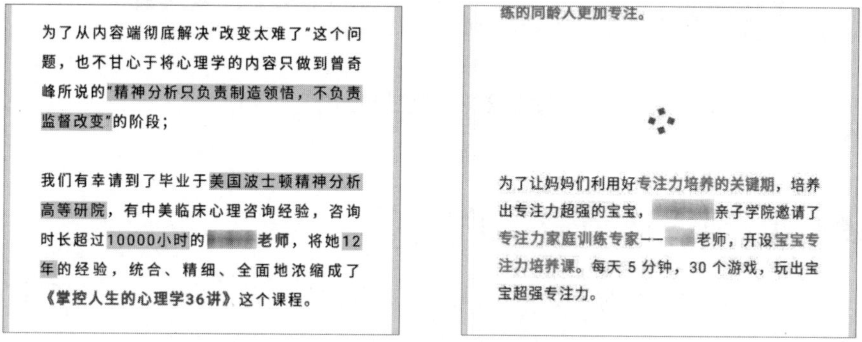

为了从内容端彻底解决"改变太难了"这个问题，也不甘心于将心理学的内容只做到曾奇峰所说的"精神分析只负责制造领悟，不负责监督改变"的阶段；

我们有幸请到了毕业于美国波士顿精神分析高等研院，有中美临床心理咨询经验，咨询时长超过10000小时的████老师，将她12年的经验，统合、精细、全面地浓缩成了《掌控人生的心理学36讲》这个课程。

练的同龄人更加专注。

为了让妈妈们利用好专注力培养的关键期，培养出专注力超强的宝宝，████亲子学院邀请了专注力家庭训练专家——████老师，开设宝宝专注力培养课。每天 5 分钟，30 个游戏，玩出宝宝超强专注力。

图 8-21　知识付费产品常用过渡句

除了以上过渡句外，还有一些过渡句式是可以通用的。如电商产品就常用"……（痛点），一问才知道，原来 / 他在用……（推广信息）"作为过渡句植入广告信息，如图 8-22 所示。

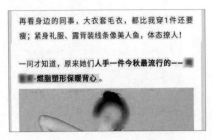

图 8-22　电商产品常用过渡句

"……（推荐人）推荐了……（推广信息）"也常作为新媒体软文的过渡句，这里的推荐人可以是软文创作者，也可以是身边的人或者权威专家，如图 8-23 所示。

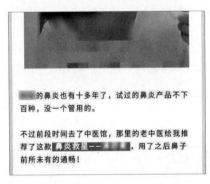

图 8-23　推荐式过渡句

8.2.2 把"我"进行内容置换

在撰写新媒体软文时，如果是以本人自身视角进行创作的，那么可以在文中将"我"或者"小编"换成推广信息，实现广告的软性植入。

以装饰画电商卖家为例，在写"装饰画如何选"这篇技能方法类软文时，可以将"我教你如何选装饰画"中的"我"换成店名，这样读者在阅读软文时，会很自然地记住店铺名称。结尾时再对店铺定位进行陈述，以此加深读者印象，如图 8-24 所示。

图 8-24　在文章中插入店名

8.2.3 结合痛点引出解决方案

痛点描述是新媒体软文重要的内容组成部分，结合痛点描述，可以在引出解决方案的同时很自然地带出推广信息。以足浴盆产品为例，在阐述了泡脚时出现的一些痛点后，紧接着就给出解决方案，这样带出产品的同时，也引起读者对产品的期待，如图 8-25 所示。

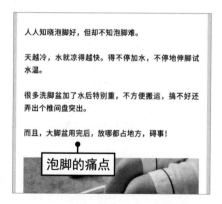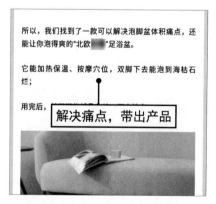

图 8-25　结合痛点引出产品

通过描绘痛点场景，引起读者的共鸣和重视，让读者想要去找解决方案。这时再在文中说出自己的解决方法，就可以将读者的注意力引导到要推广的产品身上，使广告信息很自然地被植入文章中。

8.2.4 新媒体软文中的痛点描绘

通过前面的内容可以知道，结合痛点可以很自然地带出要推广的内容。在新媒体平台上，那些阅读量很高的软文，大多有一个共同特点——非常走心、扎心。这些软文因为抓住了读者的痛点，所以能引起他们的广泛传播。那么什么是痛点呢？

我们可以将痛点理解为用户的某种欲望或者害怕的一个点，这种需求在新媒体软文中，可以从以下几个方面切入。

1）生理和安全

生理和安全是指人们最基本的一种需求，如睡眠、饮食、居所、健康等满足人们生存生活的需求。作为人们的基本需求，生理需求是重要的痛点切入点。以一篇护颈枕产品的新媒体软文为例，在文章中描述了颈椎病对人体造成的伤害，如头晕、脑梗等，这些伤害对于用户来说会危害生命健康，这就是用户恐惧的一个点。然后在软文中带出能够帮助用户解决这个痛点的产品——护颈枕，明确指出具体功效，这样用户就会很自然地选择这个产品，如图 8-26 所示。

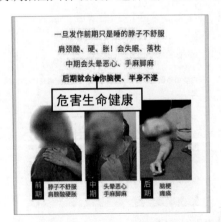

图 8-26　以健康安全作为痛点切入点

2）心理情感

心理情感是指感情上的一种痛点，如爱情、亲情、友情、归属感等。比如父母的陪伴、亲子关系等都是新媒体软文常用的情感切入点。以心理情感作为痛点切入点的新媒体软文，大多与知识付费产品结合在一起推广，但一些实物类产品也可以与其结合，比如护肤品可以与"爱自己"相结合、烛台可以与"给家的温暖"相结合。图 8-27 为以缺爱、原生家庭为切入点的一篇新媒体软文的部分内容。

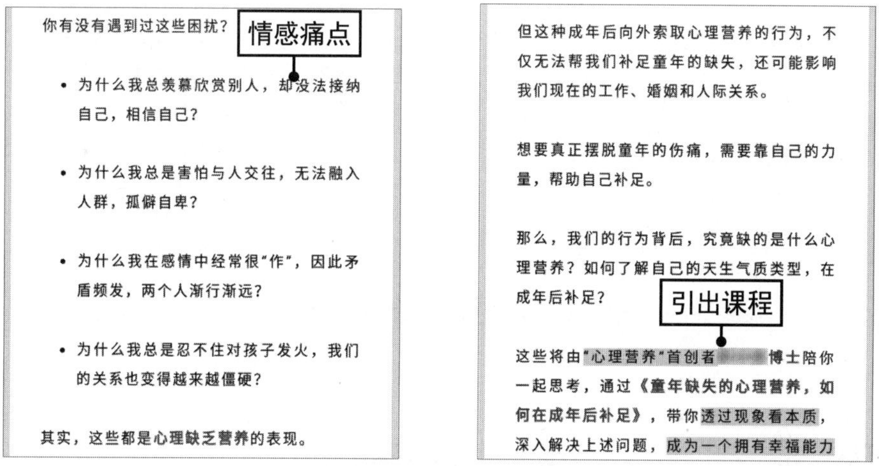

图 8-27 以情感作为痛点切入点

从图 8-27 的内容中可以看出，以提问的方式阐述了心理缺乏营养带来的一些痛点，然后引出通过学习我们的课程，可以让自己拥有幸福的能力。

3）利益损害

当一个人的利益受到损害时，自然会引起自己的重视，因此在新媒体软文中可以以利益损害作为痛点切入点。以一篇保险规划新媒体软文为例，在文中以利益损害为痛点切入点，讲述了一个朋友给孩子买重疾险的故事。因为看不懂保险条款，导致白花了冤枉钱。

紧接着文中说明了不懂保险究竟会给家庭带来哪些损害，比如买错保险、买贵保险、财富一夜归零，这些损害对个人和家庭来说都是痛点，如图 8-28 所示。

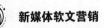

还有一位朋友，这位朋友的做法，简直堪比教科书级的被坑。

他最近刚刚给孩子买了一份重疾险，因为看不懂保险条款，只听了保险师的介绍，就选购了一款一年交 1 万多的重疾，买完之后，才拿着合同，让我帮忙看看。

不看不知道，一看真心塞！

这款叫重疾的保险里面偷偷隐藏了两份寿险，寿险本来是用来保经济支柱的，也就是他们夫妻俩的，但现在竟然给了最不需要的孩子，而且还是两份！白花了很多冤枉钱！

利益损害

保险不仅是转移风险的工具，更是家庭理财的基石。不懂保险，就算积累再多财富，多努力拼搏，都有可能一夜归零。

避免损害

为此特别邀请保险专家——███规划的███为小伙伴们准备了一节免费公开课，专门为你理清思路，做到防伪鉴真，不花冤枉钱。

图 8-28　以利益损害作为痛点切入点

8.3 推广内容怎么写才有说服力

在内容中引出推广信息后，还要保证推广信息可以打动读者才能实现转化，要让推广信息有说服力也有一定的方法，下面具体来看看。

8.3.1 强调产品带来的"好处"

对消费者来说，最关心的是这个产品能给他们带来什么，因此在新媒体软文中要强调产品所带来的"好处"，让消费者从图文内容中感受到产品"真的很好"。在强调产品好处的过程中，要学会"说话"，即用消费者听得懂的语言阐述这些好处。以取暖器产品为例，同样是阐述制热效果，不同的阐述方式产生的效果是不同的。

范例借鉴

范例 1：这款取暖器制热效果很好，采用了先进的黄金热浪技术，通电后，以光和远红外形式发出热量，然后通过石英管发热体发热，能快速均匀制热暖身，取暖不干燥。

范例 2：这款取暖器升温速度快且均匀，经过测试，在一间 20 平方米左右的房间中打开 ×× 取暖器，两小时后房间就升温了 10℃左右，并且室内湿度仍保持在 50% 左右。

对比范例 1 和范例 2 中关于取暖器制热速度快、均匀等优势的描述，可以看出范例 2 更容易打动人心。范例 1 在文案中体现了取暖器使用的先进技术，但在描述时使用的语言过于专业，很容易导致读者看不懂；而范例 2 使用的语言通俗易懂，更容易让产品走进读者心里。

在强调产品好处时，要从生活场景或细节出发，让内容更有"烟火气"，同时可以与图片相搭配，这样更能将产品好处体现出来。比如在新媒体软文中阐述除螨仪的除螨杀菌效果，可以搭配除螨时的动图和最终效果图，这样可以让产品很有说服力，如图 8-29 所示。

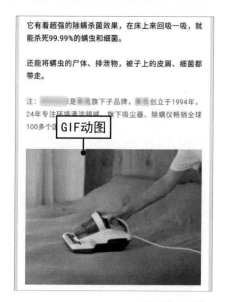

图 8-29　描述"好处"时图文搭配

8.3.2 网络购物需要以实例证明

在新媒体平台上购物，很多消费者会对产品品质、功效等抱有怀疑的态度，为了打消消费者的疑虑，在新媒体软文中最好以实例证明。以祛角质产品为例，在新媒体软文中以亲身测试的方式为产品做支撑，会让产品效果很有说服力，如图 8-30 所示。

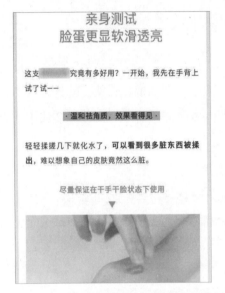
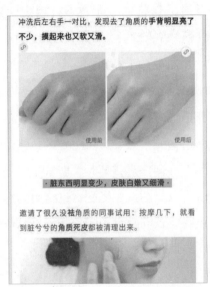

图 8-30　亲身测试证明产品功效

除了亲身测试的证明方式外，前面说过的买家评论也可以作为一种证明方式。此外，演示对比也能成为一种证明方式，如图 8-31 所示。

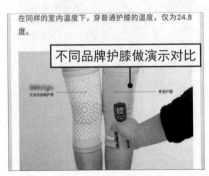
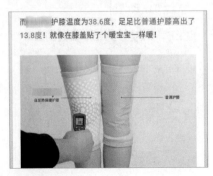

图 8-31　演示对比证明产品功效

8.3.3 新媒体软文如何提升信任度

很多消费者对自己不熟悉或者没有使用过的产品，会产生一种不信任感，这种不信任感会让消费者产生犹豫，因此对于新媒体平台上的卖家来说，获得消费者信任至关重要。那么一篇新媒体软文如何才能提升消费者的信任度呢？具体有以下几种方法。

1）名人/专家代言

名人的知名度较高，对于名人代言的产品，大多数消费者都会抱有很高的信任度。而专家在消费者心中都具有一定的权威性和信服力，因此在新媒体软文中可以利用名人或专家推荐以取得消费者的信任，如图 8-32 所示。

 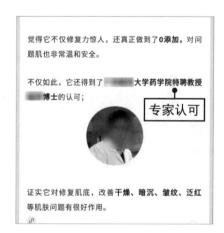

图 8-32　名人/专家代言增强信任感

2）第三方权威报告

如果产品能够提供第三方的权威报告，那么就可以在新媒体软文中将这些报告都展现出来。贴出第三方权威报告可以体现产品的实力，让消费者买得更放心。

图 8-33 的新媒体软文中就展示了权威机构的证书，这可以让读者感受到产品的质量以及企业的信誉。

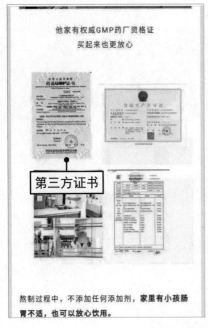

图 8-33　第三方机构权威报告

除了可以利用权威机构的报告作为背书外，也可以适当地引用新闻报道、媒体报道等给消费者打一剂强心针。

玩转不同类型
新媒体软文创作

第9章

可以发布软文的新媒体平台有很多，在不同的新媒体平台上发布的软文，文字的表达方式会有所不同，比如微博和微信都属于社交媒体，但因为两者功能定位不同，所以信息内容的呈现方式也不同，本章就来看看不同类型新媒体软文创作的要求和差别。

➤ 朋友圈文案如何刺激购买欲
➤ 文案中体现给朋友的福利
➤ 社群文案营造紧迫感
➤ 公众号自动回复文案做推广
➤ 在公众平台编辑自动回复
➤ 制作图文定制式被关注自动回复
……

➤ 微博内容要抓住共特点
➤ 微博善用@吸引关注
➤ 电商种草类软文内容基本要求
➤ 好货种草类软文写作类型
➤ 种草类软文的写作要点
➤ 好货种草类软文如何配图

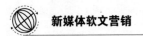

9.1 社交媒介软文撰写

社交媒体软件是很多人生活和工作的重要工具，对新媒体运营者来说，则是进行软文营销的重要平台，用户的拉新、转化和留存都可以通过它们实现，那么社交媒体软件的营销软文又该如何创作呢？

9.1.1 朋友圈文案如何刺激购买欲

每天刷一刷朋友圈是很多人的日常，同时朋友圈的高打开率也使其成为重要的流量池，是企业和微商等进行营销推广的重要阵地，且朋友圈营销具有门槛低、精准的独特优势。

朋友圈的本质是熟人社交，因此在朋友圈进行营销，要注意文案内容的可阅读性，同时要避免广告的轮番轰炸，否则很容易被人拉黑。总的来看，朋友圈文案要刺激用户的购买欲，有以下几种做法。

1）建立真实的生活场景

在朋友圈看文案的用户都是真实的客户或朋友，要拉近与用户的距离，取得他们的信任，在朋友圈中就不能为了发文案而把自己变成没有感情的机器。朋友圈中发布的文案，一部分可以是产品宣传，另一部分可以是真实生活场景的分享。

通过分享日常生活，能让朋友圈看起来更具有生活气和真实感，建立了信任感后，再对朋友进行广告植入，这样更能实现产品卖货。要在朋友圈建立真实的生活场景并不难，平时晒一晒与企业代表的合影、团队活动、生活经历、美食、自拍照等都有助于信任度的提高。

在发真实生活场景类的朋友圈时，也可以将自己的产品植入其中。比如食品类产品可以植入日常的美食晒图中，这样既能让用户记住产品，又不会让其觉得是在打广告，图9-1为在朋友圈分享日常生活照片以及在美食晒照中加入自家产品。

图 9-1　建立真实的生活场景

2）营造一种专业形象

朋友圈营销也需要打造个人 IP。比如销售的产品是服装，那么就可以打造搭配师的形象；销售的是养生食品，就可以打造营养师这一人设，通过打造个人标签，更容易让用户记住我们。在打造个人 IP 的过程中，需要我们发一些符合个人标签，但相对较专业的内容，比如搭配师可以分享穿搭建议；营养师可以分享健康养生知识，再将这些内容与产品相结合，如图 9-2 所示。

图 9-2　在朋友圈营造专业形象

3）产品软文视觉化

在朋友圈发布产品营销软文，内容不能太长，因为太长的内容会被折叠，影响用户的阅读。此外，一个用户通常只会花几秒钟的时间看一篇朋友圈软文，所以朋友圈产品软义的文字内容要精简，然后通过图片的视觉化表达使产品具有画面感，从而打动用户。

图片视觉化表达要求朋友圈发布的产品图片要美观、清晰，用图片突出产品的卖点，抓住用户的眼球，从图9-3的朋友圈产品文案可以看出，产品图片看起来都是清晰美观的，文字内容并不是很多，但突出了产品的作用功效。

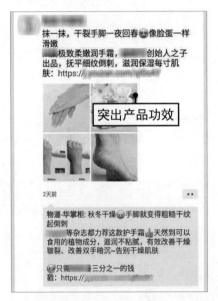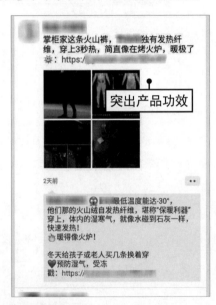

图 9-3　朋友圈产品软文视觉化

4）客户见证

在朋友圈中，还有一种比较好的营销软文写作方式，那就是发布客户见证，以客户的案例打消用户的疑虑。比如用户使用产品后的反馈、收款截图、销量业绩等，以此刺激意向客户，如图9-4所示。

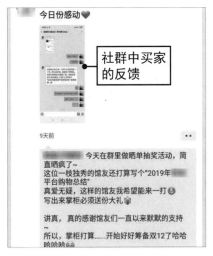

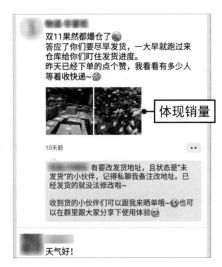

图 9-4　朋友圈晒客户见证图

9.1.2 文案中体现给朋友的福利

在朋友圈营销过程中，还需要一些福利来活跃用户并实现转化。福利活动文案可以发布在朋友圈中，也可以一对一地发送给微信好友，在文案中要体现福利是什么、参与方式以及活动时间，图 9-5 为双十一福利活动文案。

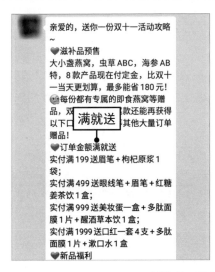

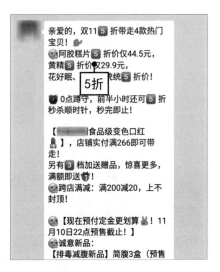

图 9-5　双十一福利活动文案

　　将福利活动以私聊的方式发送给微信好友时要注意发送的频率，一般一个月发一两次或节日活动时发送。在朋友圈中发布福利活动或分享产品时，有时会发现发布的内容会被折叠。折叠的情况有两种，一种是点击"全文"式的折叠，另一种是灰底式的折叠，如图 9-6 所示。

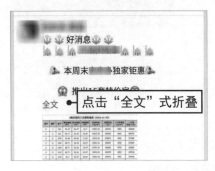

图 9-6　微信朋友圈的折叠情况

　　以上两种折叠情况都会影响用户的阅读体验，第一种情况是因为文字内容过多所造成的，当文字内容超过 7 行时，朋友圈内容就会以"全文"的方式进行折叠；另一种情况是因为内容的复制粘贴所导致的。面对这些情况，可以采用以下方法来解决。

　　一种方法是精简内容，让内容不超过朋友圈的行数限制，对于需要补充的内容，则在评论区发布。另外一种方法就是粘贴替换的方式，这种方法可以避免内容折叠成灰色的一行，具体操作如下。

　　将需要发布的内容复制，进入朋友圈发布页面，随便输入几个字，如6666，选择中间部分内容，选择"粘贴"命令，然后将头尾部分的文字内容删除，单击"发布"按钮，如图 9-7 所示。

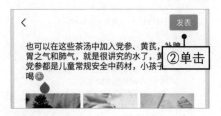

图 9-7　避免微信折叠的方法

按照以上方法发布内容后，可以看到原本被折叠的内容也可以正常显示，如图 9-8 所示。

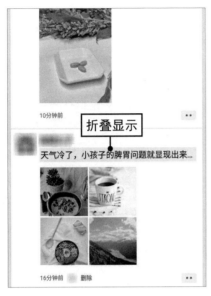

图 9-8　两种展现方式对比

需要注意的是，以上方法只适合低版本的微信，对于新版本的微信可能并不适用。新版本的微信用户可以采用分段粘贴的方法，将大段内容分为不超过100 字的多个小段，在朋友圈发布页面输入文字内容后，替换粘贴第一段内容，然后空一行，继续输入文字内容替换粘贴，以此类推。此外，也可以使用第三方输入法来避免内容折叠，如朋友圈防折叠输入法、讯飞输入法等。

9.1.3　社群文案营造紧迫感

在互联网时代，通过社群可以帮助我们积累一部分高质量的用户，这些用户的规模可能不是很大，但却足够精准。在社群中，想要让粉丝尽快做出行动，在文案上就要营造一种紧迫感，比如以"最后几名""限时优惠""速抢"等字眼促使粉丝下单，如图 9-9 所示。

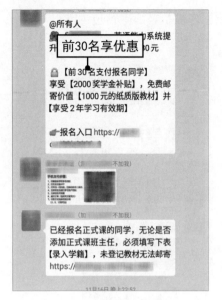
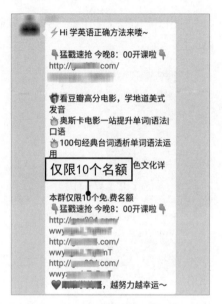

图 9-9　在文案中营造紧迫感

9.1.4 公众号自动回复文案做推广

在微信公众号中，除了可以利用软文推送做营销推广外，还可以利用公众号的自动回复功能做营销推广。公众号的自动回复功能分为被关注自动回复、关键词自动回复和收到消息自动回复。

被关注自动回复支持粉丝在关注公众号时，自动发送设置好的内容给粉丝；关键词自动回复支持粉丝发送关键词给公众号后，自动发送与该关键词相关的回复内容；收到消息自动回复则是在公众号接收到粉丝信息时，自动回复相关内容。

这三种回复方式，比较常用的是被关注自动回复和关键词自动回复。实际上，有不少公众号都没有将被关注自动回复利用起来，其实被关注自动回复除了可以设置"感谢关注"类的回复外，还可以用于营销推广。比如针对 App 推广，可以在被关注自动回复中设置下载链接，再通过福利引导粉丝点击后下载App，如图 9-10 所示。

图 9-10　利用被关注自动回复推广 App

　　电商产品也可以利用被关注自动回复推广，例如可以将近期正在推广的产品或者微商城链接放在回复内容中，如图 9-11 所示。

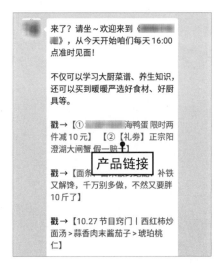
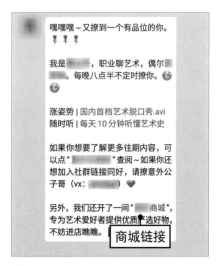

图 9-11　将产品和商城链接放在回复内容中

　　关键词自动回复一般要和被关注自动回复和公众号文章结合起来使用，在被关注自动回复或公众号文章中提示粉丝，回复哪些关键词可以获得什么。比如可以找被关注自动回复中提示回复关键词获得新人红包；在公众号文章中提示回复相关数字获得折扣详情，从而间接实现线上或线下商城的营销推广，如图 9-12 所示。

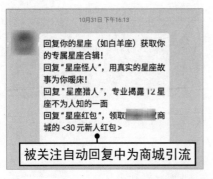
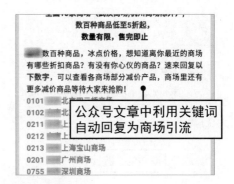

图 9-12　利用关键词自动回复引流

9.1.5　在公众平台编辑自动回复

被关注自动回复和关键字自动回复都需要在微信公众平台中进行设置，下面以被关注自动回复为例，来看看具体的操作步骤。

登录微信公众平台后，单击"自动回复"超链接，在打开的页面中单击"被关注回复"超链接，如图 9-13 所示。

图 9-13　进入自动回复设置页面

在打开的页面中单击"⚫○"按钮，输入自动回复内容，单击"保存"按钮，如图 9-14 所示。

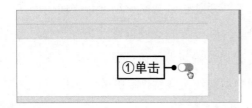

图 9-14　被关注自动回复设置

被关注自动回复支持文字、图片、音频和视频四种内容形式，当选择文字内容形式时，如果要让回复内容以文字超链接的方式进行显示和跳转，则需要在编辑回复内容时使用文字超链接代码，具体如下。

代码：<a href =" 链接地址放这里 "> 要显示的文字内容放这里 </a>

例子：<a href="https://mp.weixin.qq.com/"> 免费领 </a>

在编辑回复内容时插入以上代码后，当新粉丝关注公众号时，就可以看到蓝色的文字超链接，点击该链接可跳转至链接页面，如图 9-15 所示。

图 9-15　设置文字超链接

9.1.6　制作图文定制式被关注自动回复

在部分公众号中，还可以在被关注自动回复中看到定制的、图文消息式的回复内容，如图 9-16 所示。

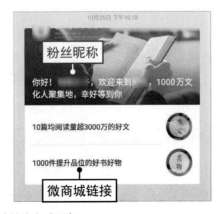

图 9-16　定制式被关注自动回复

上述形式的回复内容可以使用第三方工具制作，如运营指南。打开运营指南（http://www.exbu.top/）并登录（没有账号可在线注册），在打开的页面中单击"新增公众号"超链接，进入公众号授权页面，单击"授权添加公众号"按钮，如图9-17所示。

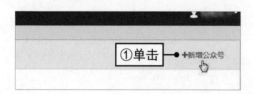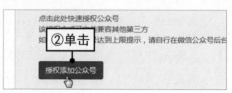

图 9-17　新增公众号

在打开的页面中使用管理员个人微信扫描二维码，在手机微信中单击"授权"按钮，如图9-18所示。

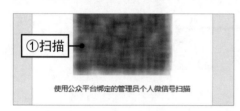

图 9-18　公众号授权

授权成功后在公众列表页单击"进入公众号"按钮，在打开的页面中单击"定制关注回复"超链接，如图9-19所示。

图 9-19　进入公众号管理页面

在打开的页面中单击"添加关键字回复"按钮，进入关键字添加页面，单击"添加关键字"超链接，如图9-20所示。

图 9-20　添加关键字回复

在打开的对话框中随意输入关键字，单击"确定"按钮，在返回的页面单击"发布"按钮，如图 9-21 所示。

图 9-21　发布关键字

单击"参数设置"选项卡，在打开的页面设置参数，包括关注人数基数、图文标题、图文链接等，如图 9-22 所示。

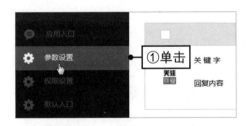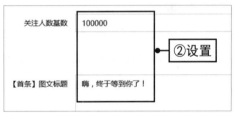

图 9-22　进行参数设置

设置完成后单击"提交"按钮，在返回的页面中单击"公众号"超链接，如图 9-23 所示。

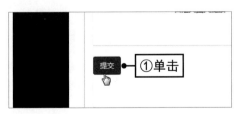

图 9-23　提交参数设置

在公众号管理页面单击"自动回复"选项卡，在打开的页面中单击"首次访问自动回复"选项卡，如图 9-24 所示。

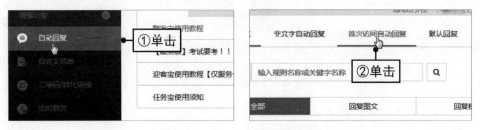

图 9-24　进入自动回复设置页面

在打开的页面中单击"触发关键字"超链接，在打开的对话框中设置关键字，如图 9-25 所示。

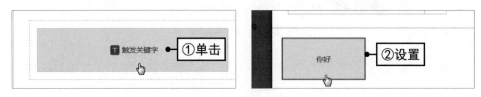

图 9-25　设置关键字

在打开的页面单击"保存"按钮，完成以上设置后，当新用户关注公众号时，就可以查看到定制的图文式自动回复内容，如图 9-26 所示。

图 9-26　完成设置

在被关注自动回复中要实现昵称、时间等的自动变化，需要在参数设置的图文标题中进行变量设置，如要设置时间为变量，则在图文标题中输入"现在是【日期 2】"，其中"【日期 2】"为时间变量。除了该变量外，运营指南中还提供了以下变量，如表 9-1 所示。

表 9-1 　图文标题支持的变量

变　量	内　容
【昵称】	显示用户的微信昵称
【国家】	显示用户所在国家
【省份】	显示用户所在省份
【城市】	显示用户所在城市
【性别 1】	根据性别系统自动判断显示：男或女
【性别 2】	根据性别系统自动判断显示：帅哥或美女
【性别 3】	根据性别系统自动判断显示：小哥哥或小姐姐
【性别 4】	根据性别系统自动判断显示：学弟或学妹
【性别 5】	根据性别系统自动判断显示：学长或学姐
【日期 1】	格式：2018-01-01- 00:00:00
【日期 2】	格式：2018 年 01 月 01 日 00 点 00 分 00 秒
【时间】	根据时间系统自动判断显示：早上、中午、下午、晚上
【人数】	显示用户人数 = 设置的用户基数 + 系统已关注数

 小贴士

在运营指南中完成定制关注自动回复后，还须登录微信公众平台，将已设置的被关注自动回复删除，否则新用户关注时会触发两条回复内容。

9.1.7 微博内容要抓住其特点

虽然微博与微信都属于社交平台，但两者却有很多不同之处。微博是一个重内容弱关系的社交媒体，微博上聚集了很多企业、名人以及达人等，每一个用户都可以关注他们的微博，成为其粉丝。同时微博的强转发功能也使得微博成为信息的传播渠道，新闻、娱乐八卦等都可能在微博上得到广泛传播。

基于微博的这种特点，在微博上发布软文，内容要简短有力。虽然微博现在取消了字数限制，但是较长的内容在显示时仍然会被"展开全文"折叠，如图 9-27 所示。

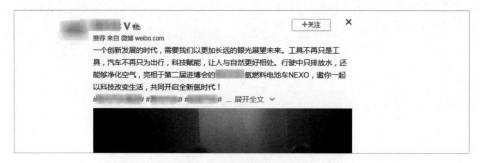

图 9-27　微博内容被折叠

在内容上，微博软文的写作形式也有多种，常用的有以下几种。

1）广告宣传式微博软文

广告宣传式微博软文是指以广告宣传的方式写微博，语气大多比较官方，发布者也多是企业，在内容中会带出品牌或产品，常与微博营销工具结合做推广，如图 9-28 所示。

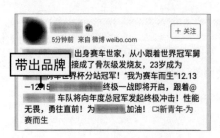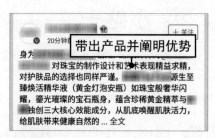

图 9-28　广告宣传式微博软文

2）分享式微博软文

分享式微博软文是指以分享的形式在微博做营销推广，此类微博的发布者多是达人，通过第三方推荐的方式做推广，在内容中通常还会加入折扣、福利、优惠信息等以吸引微博用户，如图 9-29 所示。

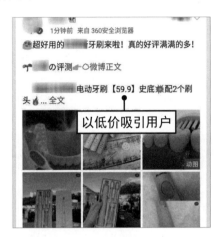

图 9-29 分享式微博软文

3）趣味性微博软文

这类微博软文大多具有很强的趣味性，微博内容看上去并不像广告，推广信息常常隐藏在图片或视频中，如图 9-30 所示。

图 9-30 趣味性微博软文

9.1.8 微博善用 @ 吸引关注

粉丝的关注量在很大程度上会影响微博软文营销的效果，特别是对于新创建的微博账号而言，前期的营销推广主要以引流为主。

在微博上引流，发布软文时要善用 @ 来吸引关注，@ 的后面要跟上要推广的微博账号 ID。在展示时，账号 ID 会以不同颜色的字体显示，用户可以直接点击进入该账号主页或在打开的账号简介对话框中关注，如图 9-31 所示。

图 9-31　账号简介对话框

在微博中使用 @ 时可以与提示关注相结合，以起到引导的作用，另外也可以将"@+ 账号 ID"与软文内容融合在一起推广，如图 9-32 所示。

图 9-32　在微博软文中加入 @

9.2 商品种草类软文撰写

随着网络购物的不断发展，商品种草软文已成为重要的内容营销方式之一，不管是在论坛，还是在社区或电商平台中，都可以看到商品种草软文。作为一种内容形式，商品种草软文有其独特的写作手法。

9.2.1 电商种草类软文内容基本要求

在撰写电商种草类软文前，首先要明确这类软文的基本要求，总的来看包括以下几点。

（1）**标题要求**：电商类种草软文的标题不应用夸张的噱头吸引读者，标题应简洁，点出主题亮点，同时应口语化，符合当前人们的阅读习惯，如"自带减龄俏皮属性的秋季穿搭"。

（2）**内容要求**：应概括主题，以客观真实的分享为主，避免推销式的内容书写，描述时应活泼轻松，突出产品价值，避免艰深难懂。

（3）**图片或视频要求**：电商类种草软文通常都要搭配图片或视频进行营销推广，在内容中使用的图片或视频，应保证清晰美观，突出内容主题。

以淘宝网种草软文为例，通常从本人视角出发，以客观真实的心得体验表明产品亮点，且配图看起来应美观清晰有场景感，如图9-33所示。

 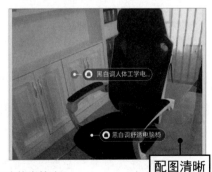

图9-33 淘宝网种草类软文

9.2.2 好货种草类软文写作类型

种草类软文的创作方向有多种，包括使用心得、技能攻略和资讯速递。

1）使用心得

使用心得类种草软文是从创作者本身的体验出发，分享某件商品使用后的心得感受，以帮助读者了解商品的真实情况，为其作出消费决策提供参考，常见的内容形式有开箱评测、主题清单、好货分享等。

（1）**开箱评测**：以分享产品开箱体验为主，可单品评测，也可多品评测，内容上要从自身体验阐述产品的外观、手感、包装等使用感受，如图9-34所示。

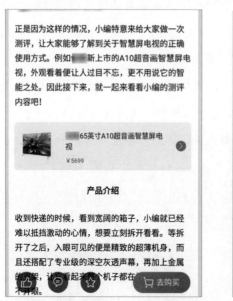

图9-34　开箱评测类软文

（2）**主题清单**：围绕一个品类商品打造一个主题并推荐产品，如明星都在用的平价护肤品、有仪式感的创意悬挂装饰摆件，可以以产品材质、风格特点等聚合主题，如图9-35所示。

双11秋冬外套必买清单

1.3万阅读

秋冬如何摆脱臃肿❓
墙裂推荐9款秋冬外套
穿上温柔可人👗
内搭一件针织衫就可以出门啦
小仙女们快和我一起解锁吧

【双11预售】
2019冬新款棉袄韩版外...
￥878

2019韩版冬装新
款棉袄学生森系宽松百搭...
￥328 已售212件

提升你的卧室品位，从床品配色开始

1058阅读

【床品合集来啦】
每次卧室改软装的时候第一要素就是换床品，既是卧室的必备品又可以在软装上做出改变！今天就精选出几套自己很喜欢的床品。
1️⃣ 小清新田园碎花✿
第一次尝试花色床品，粉橙色小碎花和豆芽绿的叶子，很适合清爽的夏天。特别喜欢有点自然褶皱的高级感。
2️⃣ 元气满满的夏天✿
酥嫩黄的纯色床品，让整个卧室活力满满！
3️⃣ 简约白色格子🍃
入住后买的第一套床品，一直没有换过，很好驾驭各种不同的风格。
4️⃣ 白色英文ins风🍃

图 9-35　主题清单类软文

（3）**好货分享**：以为消费者挑选优质好物为主，在内容上会重点体现产品的优势，但要避免说明书式的产品介绍，如图 9-36 所示。

▓▓▓ (（•）)关注

▓▓▓▓药丸面膜，药妆护肤我最大

674阅读

▓▓▓的这款药丸面膜，大概是我用过的所有面膜的最爱了，且始终会在我回购名单里的一款面膜。它根据不同的功效一共分为好几个颜色，不同颜色代表不同类型不同功效。
蓝色是最经典的，也是这之中比较出名的，主要得益于蓝色是最基础的款吧，功效是补水和保湿。还有一款绿色我也比较喜欢，绿色的功效是舒缓镇静，适合晒伤后或者想要修复的肌肤。
说下使用下来的感受，打开包装袋有两层，面膜上有一层类似保护膜的膜纸，面膜包裹在其中。
敷上的感受就是特别舒服，好像水分就一下子蹭蹭蹭的到我皮肤了。然后到时间以后取下，按摩

▓▓▓▓静音破壁机！！
已经用了有了3、4个月了吧，真的超级推荐！！

去年琢磨着买台破壁机，翻来覆去看各种网评，各种推荐，▓▓▓、▓▓▓▓、▓▓▓什么的都看过，发现基本国外的品牌都只能做冷食，我们家有老人和小孩，不能加热这个硬伤确实也不太适合我们的中国胃 最后放弃国外品牌，锁定了▓▓▓、▓▓、▓▓中的几款，低噪音也是我的硬性条件 所以一直看的都是静音款，网上功课做好之后，还是怕噪音太大，得去商场看看试一圈下来，一千多的都跟打电钻一样！果断pass！最后在▓▓▓ 1503b、1523a，▓▓▓的96L、98L这4款里选，纠结得不行！还被我妈嫌弃买个打豆浆的都这么费事 那还不是因为穷

综合噪音，价格，口感各个方面，最后买了这款！！我觉得性价比还是蛮高的！想着以后得保修售后，就在▓▓▓ ▓▓的实体店买的，价格和网上一样

自从买了这个破壁机，每天早饭省事又美味！

图 9-36　好货分享类软文

2）**技能攻略**

内容主要是分享某类商品在使用上的技能或攻略，在分享知识的过程中带

出产品。这类种草软文的内容应保证实用性，最好选择能够帮助消费者解决某一问题，但操作起来并不困难的技能攻略，如手残党画眉技巧、卫衣＋休闲裤穿搭、瘦身食谱等，如图 9-37 所示。

图 9-37　技能攻略类种草软文

3）资讯速递

以分享前沿资讯为主，内容多为数码、动漫、汽车等。这类软文具有很明显的"新闻"特征，常以"据……报道""……（时间）消息"来开头，文中介绍的产品大多是未开售的产品或新品，以起到为产品预热的作用，图 9-38 为数码资讯类种草软文。

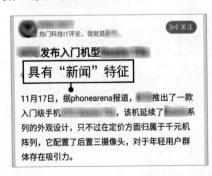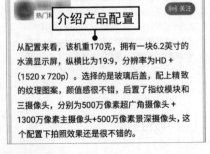

图 9-38　数码资讯类种草软文

9.2.3 种草类软文的写作要点

在创作种草类软文时，除了资讯速递类软文外，其他类型的软文最好都以第一人称创作，这样能拉近与粉丝之间的距离。在具体撰写时，要把握以下几点。

1）嵌入关键词和表情

在撰写种草软文的标题和正文内容时都要包含相关的关键词，比如要推广的产品是棉服外套，那么标题和正文中都可以加入"棉服""外套"这个关键词，引起潜在用户的关注。另外，在标题或正文中可以适当地加入一些表情符号，这样可以让内容看起来更有吸引力，图9-39为小红书和淘宝种草类软文。

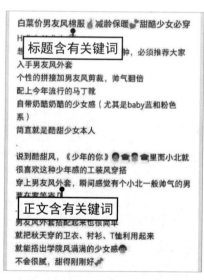

图 9-39　小红书和淘宝种草类软文

2）配图有场景感

种草类软文中的图片最好是实拍的、有场景感的产品图片，不要搭配风景漫画类图片、素材图片或广告感很强的产品图。同时，图片背景要干净，使图中的产品一目了然，易于识别，图9-40为种草类软文中的配图，可以看出图片都具有真实感。

图 9-40　种草类软文中的配图

3）锚点标签言简意赅

在小红书、淘宝网等平台上发布种草类软文，可以在配图中加入锚点标签，通过锚点标签可以让消费者注意到图片中的产品，同时，消费者也可通过点击锚点标签进入产品详情页。

锚点标签的字数不宜过多，一般在 2 ～ 8 个字，内容要言简意赅，可以是产品名称，也可以是产品优势的体现。需要注意的是，一张图片上不能打太多的锚点标签，通常 1~3 个即可，锚点要准确打在产品上或核心要素上，避免偏移过多，图 9-41 为种草类软文中的锚点标签。

图 9-41　种草类软文中的锚点标签

9.2.4　好货种草类软文如何配图

以小红书和淘宝网上的好货种草类软文展现方式为例，它们的配图会以合集的形式展现在内容上方，而不是穿插在文章内容中。基于这种展现方式，配图应具有连贯性和指引性，这样更能实现产品的种草，如图 9-42 所示。

图 9-42　好货种草类软文图片展现方式

具体来看，好货种草类软文在图片选择上可以按照以下几种方式搭配。

（1）**从整体到局部**：是指先展示产品整体外观面貌，再多角度展示产品体验过程中的细节或局部特征，护肤品、服装鞋包等产品都可以采用这种配图方式，如图 9-43 所示。

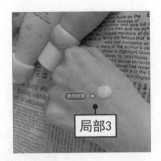

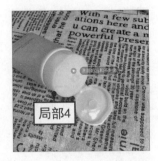

图 9-43　从整体到局部的配图方式

（2）**从效果到流程再到效果**：是指先展示整体效果，再分步骤讲解操作过程，最后再展示一次效果，技能教程类种草软文多采用这种配图方式，如图 9-44 所示。

图 9-44　从效果到流程再到效果的配图方式

（3）**从对比到流程／方法／局部再到整体**：是指先展示产品使用前后的对比，再展示产品使用过程、方法或局部特征，最后展示整体效果，装修、美妆护肤、穿搭等类型的软文都可以采用这种配图方式，如图9-45所示。

图 9-45　从对比到局部到整体的配图方式

9.2.5　不同领域种草内容技巧

不同领域的种草类软文，在内容上有一定的区别，下面来看看常见领域种草类软文写作上的一些技巧。

1）服装穿搭类

服装穿搭类种草软文的内容主要是穿搭技巧、潮流攻略、鞋包搭配等。在撰写这类种草软文时，可以结合生活场景、风格或穿着效果选择内容方向和取标题，标题范例如下。

范例借鉴

结合生活场景：飒到不行的港风衬衫，上班族们的必备良品

结合穿衣风格：可爱又舒适的学院复古风，穿出少女感

结合穿着效果：显瘦又显高的工装连体裤，买就对了

服装穿搭类种草软文在配图时，最好选择真人出镜的实拍效果图，尽量不要使用棚拍图，也不要过度修图，否则会给人以不真实感。

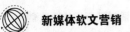

2）美妆护肤类

美妆护肤类种草软文的内容方向主要为美容护肤知识、美甲彩妆技巧、护肤好物等。在撰写美妆护肤类种草软文时可以根据美妆护肤品的功效和使用场景策划内容和标题，标题范例如下。

范例借鉴

产品功效1：掌握护肤小技巧，肌肤白皙又嫩滑

产品功效2：抗皱有新招？三步远离时光"纹"身

使用场景1：初冬还想要水感肌？那你还差这几款单品

使用场景2：总是熬夜怎么办，这些急救产品备起来

美妆护肤类种草软文在配图时，产品最好放在具体的生活场景中拍摄，可以搭配体验产品时的图片，也可以搭配产品外观特写或细节图片。

3）美食营养类

美食营养类种草软文的内容方向主要是菜谱教程、零食推荐、健康养生常识、美食攻略、吃播评测等，可以根据美食菜谱、食用场景、养生功效策划内容和标题，标题范例如下。

范例借鉴

美食菜谱：自制奶香油条，掌握1点，外松脆内香软

食用场景：吃货办公室休闲零食，下午茶点心怎么挑？

养生功效：冬季多喝这碗汤，汤鲜味美，健脾强生

4）家居园艺类

家居园艺类种草软文的内容方向主要为生活小妙招、家居好物推荐、装修设计、养花经验知识等，可根据家居园艺产品的种类和功能特点策划内容和标题，标题范例如下。

范例借鉴

　　产品种类 1：艺术床品四件套，让轻奢族每日华丽入眠

　　产品种类 2：室内好养的多肉，养窗台边也可开花

　　功能特点 1：简易拼装收纳，4.9 元拯救杂乱出租房

　　功能特点 2：主妇晾晒有妙招，让家人穿健康干爽的衣服

　　家居园艺类种草软文可以搭配生活场景下的产品特写、使用或搭配图，以营造生活化气息。

　　5）萌宠类

　　萌宠类种草软文的内容方向主要是宠物喂养攻略、宠物日常故事、宠物神器推荐等，可根据宠物喂养问题、宠物产品类型和养宠物的故事策划内容和标题，标题范例如下。

范例借鉴

　　喂养问题：狗狗毛发开始褪色？铲屎官别忽视这几点

　　产品类型：养宠路上的必备好物，这款吸尘器值得拥有

　　养宠物的故事：柯基坐地铁，真像每天上班的我

　　萌宠类种草软文的配图可以选择宠物在居家生活场景下的图片，也可以搭配宠物与人或某种产品互动的图片。

9.3　其他类型软文撰写

　　前面重点介绍了社交媒介软文和种草类软文的一些写作要点，除了以上两种类型的软文外，论坛软文、文库软文、问答软文等在写作上也有一些不同之处，下面具体来看看。

9.3.1 论坛发什么帖子比较好

论坛软文是以帖子的形式发布的，在论坛上发帖做推广，内容的选择很重要，具体来看可以考虑以下几种发帖形式。

1）新手可发新手帖

在论坛上进行软文推广，账号等级越高越有利于营销推广，对于新注册的ID来说，可以选择先发新手帖，通过发新手帖混脸熟，同时也帮助提高账号等级。新手帖的内容可以是"大家好，我是……（简单介绍自己），刚进入……（论坛），请大家多多指教"或者"新人报到"等。

2）问答帖

对于新手来说，在论坛上发布问答帖也是比较好的选择。问答帖以提问的方式发布，好的问题对做论坛推广很有帮助，因为可以通过回帖的方式将广告植入其中。图9-46为知乎上的问答帖。

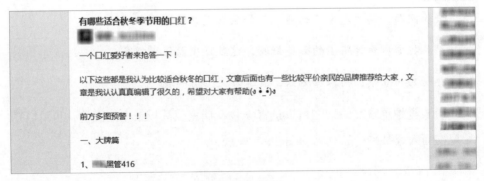

图9-46 问答帖

3）技术帖

技术帖在论坛中是比较受欢迎的，通过在论坛中分享技能技巧，可以获得很多网友的关注。在论坛中发技术帖，最好选择自己擅长的领域持续发帖，因为大多数论坛都会按内容领域划分圈子，专注于一个圈子更利于后期做推广，比如擅长数码科技领域，那么就可选择在论坛的科技圈频道中发布与互联网、IT等有关的帖子，然后再间接植入广告信息。图9-47为贴吧中的技术帖。

图 9-47　贴吧中的技术帖

4）连续帖

连续帖是指将有可读性的内容分多次进行发布，使这些内容形成连帖，通过发连续帖可以吸引网友持续关注自己的内容。在为连续帖取标题时，最好带上"连载＋序号""持续更新"等字样，让网友清楚该内容是连载更新的。

5）分享帖

在论坛上聚集了很多找各种资源的网友，通过发分享帖把自己手中的资源分享给网友，可以起到很好的引流作用。如可以让网友通过关注公众号、加QQ 等获取资源，如图 9-48 所示。

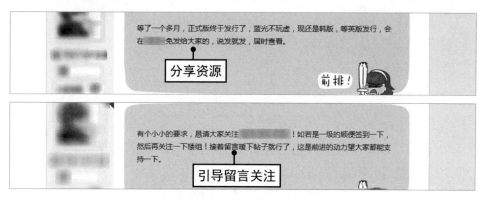

图 9-48　分享帖

6）盖楼帖

盖楼帖是论坛中很常见的一种帖子形式，它可以吸引有共同喜好的网友一起为楼层添砖加瓦，楼主自己也可以在楼层中发布内容。此外，也可以通过盖楼的方式发布连载型软文。以百度贴吧为例，只需要在帖子的下方以回复的方式发布后续内容，即可实现文章盖楼，如图9-49所示。

图 9-49　在百度贴吧回帖

9.3.2　文库类软文操作方法

文库是在线互动式文档分享平台，在文库中，用户可以查询下载自己需要的文档资料，同时也可以分享自己手中的文档。在百度搜索引擎中，文库链接也常常会排在其他搜索结果的前面，从而使文库拥有丰富的流量资源，如图9-50所示。

图 9-50　百度搜索引擎搜索结果

文库所具有的流量优势，使得其成为重要的营销推广方式。目前，主要的文库平台有百度文库、道客巴巴、豆丁文库、360doc等。在文库中做营销推广要讲究一定的技巧，否则可能会被平台认为是广告而导致上传的文档审核不通过，下面以百度文库为例，来看看文库类软文的操作要点。

1）文档格式和内容选择

百度文库支持的文档格式有很多，包括 doc、docx、ppt、pptx、pps、xls、xlsx、pdf、txt 和 epub 等。其中，pdf 格式的文档相较于其他格式，审核通过率较高；Word 文档高于 PPT 文档；而 txt 格式的文档的通过率相对会更低。因此在选择文档的上传格式时，可优先选择 pdf 格式，其次才是 doc 格式和 ppt 格式。

在内容上，百度文库比较青睐专业的、实用性较强的文档资料，比如学习总结、合同范本、电脑知识、技能技巧、教案、分析报告，以及学术资料等。根据百度文库对内容的喜好，在选择内容时最好选择细分领域的技能技巧类、知识类、方法类内容资料，比如家庭理财规划方案、2018 年高考英语真题等。

2）基于内容拟文档标题

在百度文库中查找资料基本上都是通过搜索的方式进行的，为了让他人更好地搜索到自己的文档，要根据内容和推广需求拟标题。比如要推广的是彩妆培训学校，文档的内容是关于彩妆短期速成的科普，那么标题就可以拟为"一星期彩妆速成靠谱吗？""学彩妆多久才能上手？"等。

结合文档内容，将"彩妆速成""学彩妆"关键词放在标题中，这样就可以让潜在用户轻松搜索到自己的文档。如果是方法、技巧类的文档，那么可多用怎么做、怎么样、理由、技巧、方法等词汇，体现出文档的实用性。

3）广告的植入方法

文库文档中，常用的广告植入方式有网址链接、品牌关键词、文档版权、图片水印，联系方式类的广告最好不要出现在文档中，因为这类广告信息不容易被审核通过，如微信二维码、电话号码等。

广告信息可以植入在文档内容中，也可以植入文档的页眉中。页眉中可以插入品牌名、logo 和网址，如图 9-51 所示。

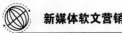
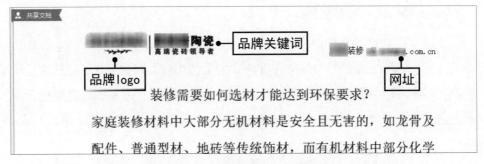

图 9-51　在页眉中插入广告信息

版权信息一般可插入在文档的顶部或尾部,可以采用"本文编者:×××(品牌信息)""来源:×××""撰文:×××"的方式,如图 9-52 所示。

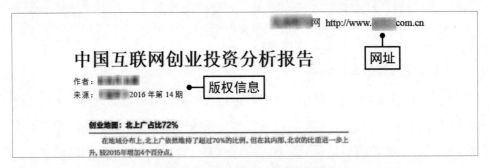

图 9-52　在文档中插入版权信息

4)申请文库认证

新注册的文库账号建议不要在文档中带入广告,等到账号在文库中有了一定的等级活跃度后,再在文档中植入广告,这样会提高一定的审核通过率。另外就是申请认证,通过认证后的账号可获得身份特权、推广特权、大数据特权等特权,除此之外,认证账号在文档中插入网址链接、品牌信息等广告内容方面,通过率会更高。

个人用户可申请百度文库提供的专家名师认证或文章作者认证,企业用户可申请机构认证。进入百度文库首页(https://wenku.baidu.com/),在打开的页面中单击"申请认证"超链接,进入认证页面,如图 9-53 所示。

图 9-53　申请百度文库认证

 小贴士

　　上传文库文档时要注意，文档内容不宜过于简单，以 Word 文档为例，文档内容最好不要少于一页，否则很难通过审核。对于内容较少的文档来说，可以适当增大字号、行距填充文档页数。

9.3.3 在问答中插入推广信息

　　问答推广也是新媒体软文营销的一种方式，问答推广是通过在问答平台模拟回答的方式做推广，下面来看看如何在问答中植入推广信息。在问答平台做营销推广的方式主要有两种，一种是自问自答的方式；另一种是以回答他人问题的方式。

　　在策划自问自答式软文时，要考虑潜在用户会通过什么样的关键词搜索内容，比如要推广的产品是奶粉，那么"奶粉"就是一个重要的关键词。但是在搜索引擎中，用户不会仅搜索"奶粉"这个词，因此我们需要使用长尾关键词撰写问答型软文的标题。

　　以"奶粉"这个关键词为例，"奶粉怎么冲""哪个牌子的奶粉好""奶粉保质期"就是很重要的长尾关键词。根据长尾关键词，去创造用户可能会搜索的提问型标题，范例如下。

范例借鉴

　　提问 1：奶粉用多少度的水冲最好？

　　提问 2：国内哪个牌子的奶粉比较好？

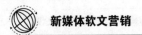
提问 3：奶粉保质期一般多久？

在问答式软文的提问中，可以将推广信息植入其中，范例如下。

范例借鉴

提问 1：××（奶粉品牌）奶粉好不好，多少钱一罐？

提问 2：××（奶粉品牌）是哪个国家的？

提问 3：对于××（奶粉品牌）知道多少？这个奶粉可以选择吗？

在百度知道做推广输入问题后，还可以对问题进行详细说明。在详细说明时，要用口语化的语言来叙述，内容中可以插入要推广的产品信息，范例如下。

范例借鉴

提问：宝宝马上 7 个月了，中途换奶粉可以吗？

详细描述：宝宝马上 7 个月了，现在喝的奶粉不怎么好，听朋友说××（奶粉品牌）这个品牌不错，想给宝宝喝喝看，不知道这个牌子的奶粉怎么样。

提问提交后，需要切换 ID，针对自己设计的提问进行回答，回答时的广告植入也不能太生硬，要以真实用户的语气作答，如针对以上范例的问题，可以作出以下回答。

我家宝宝现在喝的就是××（奶粉品牌）的奶粉，这个牌子是老品牌了，我家宝宝喝了以后吸收效果挺不错的。不过不同宝宝的情况不一样，具体适不适合还要看你家宝宝的反应，只要喝着不腹泻、上火啊，就是适合的。中途换奶粉的话，要循序渐进，一点一点地换，避免宝宝不适应。

 小贴士

通过自问自答的方式做营销推广时，通常需要设计多个问题，批量做推广。这时不要使用一个账号去发布问题，而应该多账号操作，且最好分多个时间段发布。提问后，不要马上回答，可以隔一段时间后再回答。

以回答的形式做营销推广时，要去搜索适合做推广的问题。如要做面霜产品的问答推广，可以搜索"冬季皮肤干怎么办""冬天皮肤干到脱屑，有什么好的保湿霜吗"等问题。

回答时，网址类的链接以及电话号码信息最好不要出现，因为可能会审核不通过。回答的内容要有一定的可信度，可以适当地说说产品的"不足之处"，如针对"冬天用什么面霜比较好？"这个问题，可以回答"××（面霜品牌）的确很不错，就是不太适合油皮，会比较油，我皮肤很干，用了以后很滋润"。

回答内容中，品牌关键词出现的次数不宜过多，一般一两次即可，广告倾向性也不能太强，要让回答看起来客观、自然，如图 9-54 所示。

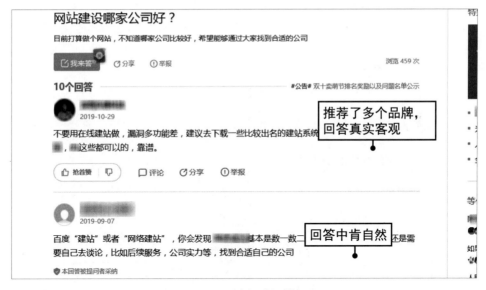

图 9-54　百度知道问答页面

9.3.4　提高百科词条创建通过率

百科是专业、权威的知识开放平台，企业可以通过创建自己的百科词条实现网络推广，同时，也可以让受众更好地了解企业的发展历程、公司文化、产品特色等。

百科词条可以说是企业的一张权威名片，有助于提升用户信任度。在搜索引擎中，百科词条拥有很高的权重，以百度搜索引擎为例，当我们搜索企业、品牌、人物等内容时，百科词条常常都会出现在搜索结果的第一页，且位置仅次于付费推广。图9-55所示为搜索"淘宝"的结果，其百科词条排在搜索结果的第一页。

图9-55　在搜索引擎搜索"淘宝"

百科词条人人都可以创建，要保证词条创建成功并通过百科平台的审核，需要做足准备工作，具体包括以下几点。

1）根据词条类型准备内容

在创建百科词条前，首先需要明确词条类型，再根据词条类型准备内容，以百度百科为例，词条类型包括如表9-2所示的几类。

表9-2　百科词条类型

类　型	示　例	内　容
人物类	如政治家、明星、教师、企业家、运动员等	包括人物基本信息，如姓名、性别、职业等，人物的生平经历、代表作品或获奖记录等
产品品牌类	如家用电器、化工用品、网站、客户端、服装品牌、商业演出等	包括创建时间、所属机构、品牌历史等，产品与服务、品牌文化、所获荣誉等

续表

类　型	示　例	内　容
医疗类	如医疗机构、医疗器械、药品、保健品、化妆品、医生等	以化妆产品为例，包括产品名称、产品成分、产品功效、资质认证等
企业类	主体类行为：企业法人、企业非法人（不含医疗类企业非法人）	包括公司名称、公司类型、公司业务、发展历程、公司规模、公司管理、企业文化、公司荣誉等
其他	除以上词条所属类型外的词条	包括概述、基本信息等

2）准备参考资料

在撰写百科词条时，内容一定要真实、客观，这样才能通过审核。对于企业、品牌、人物和产品类词条来说，其真实客观性需要用参考资料佐证。

参考资料的来源一定要具有权威性，可来源于教科书、学术文献、大众媒体以及专业网站等渠道。用户自己创建的内容不能作为参考资料，如微博、微信、论坛中自媒体创建的内容，企业黄页中的内容以及自家网站中的内容。

此外，参考资料应与内容对应，如内容中包含商城成交额的数据信息，那么参考资料中应有权威媒体发布的关于网站商城成交额数据的报道。图 9–56 为淘宝网的百科词条内容。

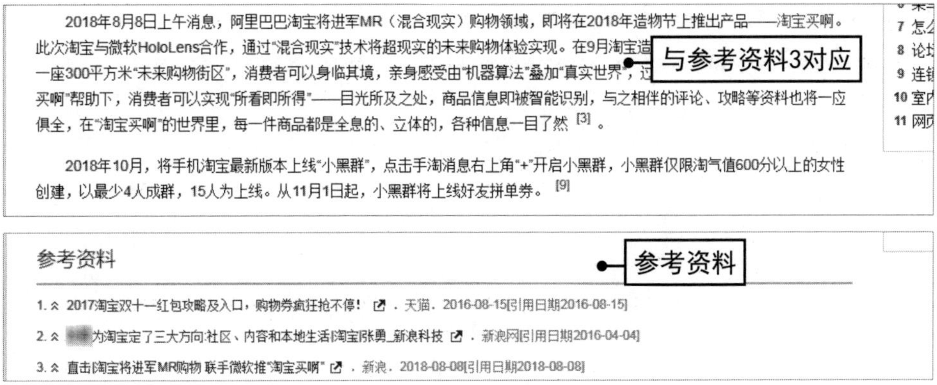

图 9-56　参考资料与内容对应

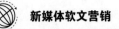
3）描述的客观性

在撰写百科词条内容时，词条名应为规范的专有名词或广为人知的常见名。如企业词条，词条名应为×××有限责任公司或×××股份有限责任公司，且与组织机构代码证一致的全称。

在创建词条内容时，用语应客观准确，切勿用夸张、模棱两可的语言描述。如创建某品牌电视机产品的百科词条，在说明产品的高性能时，不要使用"各方面性能好"这样的形容词描述，而应使用"高清4K液晶屏，搭载64位四核处理器，预置人工智能语音系统"等说明性的语言描述。

需要注意的是，带有广告信息的内容不能出现在百科词条中，如网址、电话号码、微博、邮箱等。如在创建企业词条时创建了以下内容。

×××有限责任公司成立于2018年5月2日，是一家专注于电子产品研发的互联网公司，官网 http://www.×××.com/

其中"官网 http://www.×××.com"就属于广告宣传性质的内容，这样的内容需要删除后才能通过平台审核。

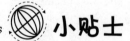

在具体创建百度百科词条时，可以根据词条类型选择分类，部分分类提供了相应的目录模板，可根据目录模板创建内容。

新媒体营销软文的发布

第10章

撰写好不同类型的新媒体软文后，还需要将其发布在各大平台上才能实现品牌宣传和引流。在发布新媒体软文前，首先应完善新媒体账号，打造账号标识，然后多平台统一账号运营，这样才能发挥出软文营销的作用。

- ➤ 拟一个好记的账号名
- ➤ 账号头像的设置
- ➤ 制作新媒体漫画式头像
- ➤ 账号简介的编写
- ➤ 熟人圈子的网络社交平台
- ➤ 聚焦兴趣人群的论坛社区
- ……

- ➤ 具有权威性的门户网站
- ➤ 提供资讯的学习交流平台
- ➤ 专业的新媒体软文发布平台
- ➤ 用手机发布公众号图文消息
- ➤ 在新浪微博发布头条文章
- ➤ 种草类软文发布到电商内容频道

10.1 ▶ 新媒体账号主体整体定位

明确的账号定位可以方便新粉丝主动搜索，快速了解账号能提供的服务和内容。此外，建立清晰的账号形象会更利于内容的传播，打造出具有品牌形象的新媒体账号。

10.1.1 ◀ 拟一个好记的账号名

新媒体平台上的账号名对用户来说意味着第一印象，从网络传播的角度来看，好记的账号名在一定程度上能降低传播成本，让用户过目不忘。所以运营者在为新媒体账号命名时要把握以下几点。

1）符合搜索习惯

在很多新媒体平台，如微信、微博、今日头条等，很多用户都会通过搜索的方式关注，因此，一个符合用户搜索习惯的账号名将会无形地为账号带来流量和粉丝。

根据用户搜索习惯为账号命名时，要尽量抢占高频词汇，例如垂直行业关键词、大众常用词、地域词汇、产品品类词等都是高频词汇，具体如汽车、金融、知识、笔记、健身、食堂、电影等。

以"十点读书"公众号为例，最初的账号名为"每日好书推荐"，后改为"十点读书"。从百度指数的关键词搜索指数概览可以看出，相比"好书"，"读书"的搜索频率更高，而这一改名的行为也使得"十点读书"公众号涨粉更为迅速，如图 10-1 所示。

搜索指数概览			
关键词	整体日均值	移动日均值	整体同比
■ 读书	2,041	1,287	-11% ↓
■ 好书	739	598	-11% ↓

图 10-1　指数搜索概览

目前在微信公众号中搜索"读书"这个关键词，"十点读书"公众号会优先出现在搜索结果中，这对于账号引流是很有利的，图 10-2 为关键词"读书"的搜索结果。

图 10-2　公众号中关键词"读书"的搜索结果

小贴士

新媒体账号的活跃情况、是否认证等都会影响账号的搜索排名，因此，提高账号权重能让账号获得更好的搜索排名。

2）通俗易懂

新媒体账号取名应以通俗易懂为原则，账号名不宜太长，一般为 2~8 字比较合适，最好使用中文，以中英文混合、大小写混合命名的账号会增加用户记住名字的门槛，企业或自媒体达人要尽量避免使用这种命名方式。

除此之外，生僻词汇也不要用于名称设置中，曾有微博红人在账号取名中使用了生僻字"婼"，结果很多粉丝常常会打错她的名字，这对于账号的吸粉和传播都是不利的，简短通俗的账号名更适合新媒体的属性。

3）与内容定位相关

突出内容定位的新媒体账号名更能帮助获取大量的精准粉丝。比如"运动健身教程"，通过名字就可以大致判断出，该账号内容主要是关于运动健身的；"每日健康百科""冷笑话精选"等新媒体账号名，同样可以让读者联想到账号所提供的内容和服务。

了解了新媒体账号命名的一些要点后，下面来看看新媒体账号命名的具体方式，如表 10-1 所示。

表 10-1　新媒体账号命名方式

命名方式	具体方法
品牌名	对于企业、品牌方来说，新媒体账号可以直接以品牌名或品牌简称命名。比如波司登品牌，它的微博、微信、小红书等新媒体平台上的账号名都为"波司登"，这种直呼其名的命名方式可以将品牌已有的粉丝引流到新媒体平台上
行业＋用途	以"行业＋用途"的方式为账号命名，可以帮助账号吸引潜在用户。如插画精选、美妆小技巧、电影特搜、艺术物语等
形象取名	对自媒体来说，通过拟人或比喻的方法为账号营造一种形象，更便于打造新媒体人设。如娱乐蜀黍、魔力美食、DC 大叔、圈内大神等
百科取名	以"关键词＋百科"的方式为账号命名，这种取名方式可以体现账号定位的领域范围较广。如实用小百科、糗事百科、每日笑话百科等
人名取名	对于有一定身份的自媒体来说，可以直接以人名或"人名＋身份"的方式为新媒体账号命名。如营养师××（人名）、手艺人××（人名）
趣味取名	如果新媒体内容是偏娱乐搞笑类的，那么账号命名方式就可以以有趣、新奇的形式命名。如一只小白、碗明天再洗等

10.1.2　账号头像的设置

做新媒体运营，除了要讲究名字的选取外，还需要通过头像向大众展示自己。在设置新媒体账号头像时，首先要遵循以下几个原则。

（1）账号头像应与竞争对手有区别，不可雷同。

（2）应避免粗俗的头像，如暴露、恶心的头像。

（3）账号头像的色彩不宜太花哨，让读者看着舒服为宜。

了解了新媒体账号头像的设置原则后，下面来看看常见的头像选取方式，主要包括以下几种。

1）logo 头像

对于企业或商家来说，通常都拥有自己的 logo，为了强化品牌形象，可以利用 logo 设置新媒体账号头像，如图 10-3 所示。

图 10-3　logo 新媒体账号头像

2）账号名文字头像

以账号名称设置文字头像可以加强用户对新媒体账号名的印象，很多媒体、企业、自媒体等都是采用的这种头像设置方式，如图 10-4 所示。

图 10-4　账号名文字头像

对于文字类型的账号名头像，可以利用一些 logo 在线制作工具或艺术字生成工具制作。下面以 U 钙网（http://www.uugai.com/）为例，来看看如何制作。

进入 U 钙网首页，输入新媒体账号名称，单击"开始设计"按钮，如图 10-5 所示。

图 10-5　输入新媒体账号名

在打开的页面中可选择 logo 主字体和副字体，选择后单击"下一步"按钮，如图 10-6 所示。

图 10-6　选择主字体和副字体

在打开的页面中可以查看到制作好的通用 logo 图标，若不想要图标样式，可单击"文字设计"选项卡，如图 10-7 所示。

图 10-7　查看通用图标

在打开的页面中可以查看到纯文字的 logo，右击要下载的 logo，在弹出的快捷菜单中选择"图片另存为"命令，将其保存在电脑中，如图 10-8 所示。

图 10-8　保存 logo

3）漫画头像

新媒体账号的头像也可以是与账号内容、定位等相关的漫画形象，或者是与真人形似的卡通形象。漫画式账号头像会给人以活泼、有趣的印象，如图 10-9 所示。

图 10-9　漫画式账号头像

4）真人头像

名人、行业专家以及自媒体都可以使用真人照片作为账号头像，真人头像可以让读者感到真实、可靠，有助于打造个人新媒体形象。

10.1.3 制作新媒体漫画式头像

在新媒体平台中，漫画式头像会给人以有个性、有特点的直观感受。目前，有很多头像制作 App 都可以进行漫画式头像制作。这里以 MYOTee 脸萌为例，来看看如何制作。

在手机上安装 MYOTee 脸萌，单击应用图标打开应用，在打开的页面中选择性别，如图 10-10 所示。

图 10-10　打开 MYQTee 脸萌

在打开的页面中选择发型，切换至头发颜色选项卡，选择头发颜色，如图 10-11 所示。

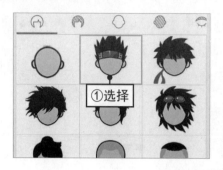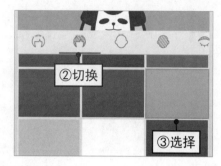

图 10-11　设置发型和颜色

根据需要设置脸型、五官、服装等，完成制作后单击"存储"按钮，如图 10-12 所示。

图 10-12　完成制作

对于需要打造个人 IP 的新媒体账号而言，可使用真人漫画式头像。真人漫画式头像可使用美图秀秀 App 提供的"美图 AI"功能制作，具体操作如下。

打开美图秀秀 App，单击"美图 AI"按钮，在打开的页面中单击"绘制动漫形象"按钮，在打开的下拉列表中选择拍照或选择相片，这里选择"从相册选择一张"选项，如图 10-13 所示。

图 10-13　使用美图 AI 功能

在手机相册中选择一张合适的照片，进入拍照页面后单击"相机"按钮，在打开的页面中单击"保存"按钮即可，如图 10-14 所示。

图 10-14　保存动漫形象

在生成真人动漫头像时要注意尽量选择人物五官未被遮挡的照片，这样生成的动漫头像效果会更好。

10.1.4　账号简介的编写

账号简介是一种形象的表述，会在新媒体平台上展现给用户，认真编写账号简介可以让用户更好地认识我们。下面来看看新媒体账号简介的常用撰写思路。

1）突出功能和服务

如果新媒体账号为粉丝提供了某一功能或服务，那么就可以在账号简介中突出账号的功能价值，图 10-15 为有道云笔记和草料二维码公众号的简介。

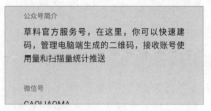

图 10-15　公众号简介突出功能价值

2）突出身份特征

有明确身份特征的自媒体，可以利用账号简介突出个人独特的身份特征，让用户明确账号专注的领域，图 10-16 为淘宝达人账号简介。

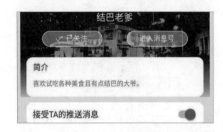
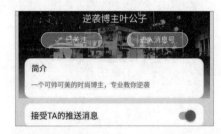

图 10-16　淘宝达人简介突出身份特征

3）突出文化理念

在账号简介中也可以传达一种理念或价值观，让用户了解品牌的使命或文化特征，图 10-17 为微博蓝 V 企业的账号简介。

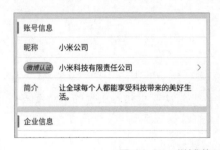
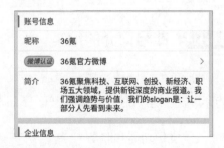

图 10-17　微博蓝 V 企业简介突出文化理念

4）突出引流信息

账号简介是一个很好的引流位置，我们可以将微信公众号、合作联系方式等撰写在简介中，图 10-18 为微博自媒体账号简介。

图 10-18　微博自媒体账号简介

 小贴士

账号简介宜短小精悍，不要过多地堆砌企业荣誉、影响力等内容。重要信息最好放在前面，因为部分新媒体平台在个人主页展示简介时，会对太长的内容进行部分折叠。

10.2 软文的发布平台有哪些

目前，做新媒体软文营销推广不会仅局限于微信和微博两个平台，而是要多平台运营但统一账号名称，形成自己的新媒体矩阵，使软文营销实现最大限度的曝光。

10.2.1 熟人圈子的网络社交平台

比较重要的新媒体社交平台有微信、新浪微博和 QQ，除此之外，腾讯微博、易信、陌陌、人人网也是网络社交平台，只不过用户量相较于前三个平台要少，做新媒体社交平台的软文推广应首选微信、新浪微博和 QQ。

做微信平台公众号软文营销需要注意账号类型的选择，公众号分为服务号

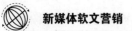

和订阅号两种，这两种类型的账号功能有所不同。

（1）**订阅号**：主要功能在于传达资讯，一天可群发一条消息，消息显示在"订阅号"文件夹中，适用于自媒体、电商、企业、政府、媒体和其他组织。

（2）**服务号**：拥有比订阅号更强的用户服务和管理能力，一个月可群发4条消息，消息显示在好友对话列表中，适用于自媒体、企业、政府、媒体和其他组织。

从上述内容可以看出，在发文次数上，服务号要低于订阅号，但服务号的消息展示方式会优于订阅号。从软文营销的角度来看，建议选择订阅号，获得更多次数的内容曝光。

10.2.2 聚焦兴趣人群的论坛社区

做论坛软文推广，平台的选择很重要，要尽量选择那些用户量和活跃度都较高的论坛，这样才能发挥软文营销的价值。除了前面提到的百度贴吧、知乎外，以下论坛社区也适合做软文营销。

◆ **豆瓣**：（https://www.douban.com/）涵盖读书、影片、音乐等内容，在豆瓣社区做软文推广主要以小组发帖的方式。运营者需加入自己擅长领域的小组，然后在小组中发帖。

◆ **天涯社区**：（https://bbs.tianya.cn/）是知识分享和内容创作的平台。在天涯社区做软文推广要善于顶帖，顶帖有助于稳定帖子的排名。另外，发帖时不要带网址链接，天涯对于外链审核比较严格，容易导致封号。QQ、微信等联系方式可适当留在帖子的2楼或3楼，但要注意频率，最好以关键词植入的方式做推广。

◆ **猫扑**：（https://www.mop.com/）汇集了很多娱乐八卦、星座占卜、人文、时尚等网络流行内容。

◆ **西祠胡同**：（http://www.xici.net/）是开放式社区平台，可以根据地区选择适合做软文推广的讨论区。

◆ **CSDN**：CSDN（https://www.csdn.net/）是中文 IT 社区，为 IT 人员提供技术交流。

10.2.3 ▸ 具有权威性的门户网站

各大门户网站也是软文营销的重要平台，对于有自己官方网站的企业来说，可以将软文发布在官方网站的热点动态或公司新闻栏目中，通过搜索引擎搜索为网站引流。除了自己的官方网站外，软文营销推广的常用门户网站还有以下几种，如表 10-2 所示。

表 10-2　常用的门户网站

网站类型	网站	网站地址
综合性门户网站	新浪网	https://www.sina.com.cn/
	搜狐网	http://sohu.com/
	腾讯网	https://www.qq.com/
	网易	https://www.163.com/
分类信息网站	58 同城	https://www.58.com/
	赶集网	http://www.ganji.com/
	慧聪网	https://www.hc360.com/
	百姓网	https://www.baixing.com/
网络科技类网站	中关村在线	http://www.zol.com.cn/
	太平洋电脑网	https://www.pconline.com.cn/
	天极网	http://www.yesky.com/

10.2.4 ▸ 提供资讯的学习交流平台

目前，有很多学习交流平台也拥有大量的流量，且这些平台的用户活跃度都比较高，在这些平台上进行软文营销用户也比较精准，很多知识付费课程就常常在这些平台上做推广，常用的学习交流平台如表 10-3 所示。

表 10-3　学习交流平台

网站	简介	网站地址
人人都是产品经理	产品爱好者学习和交流的平台，网站包含产品设计、产品运营、分析评测等内容	http://www.woshipm.com/
三茅人力资源网	HR 学习和交流的平台，包含薪酬管理、员工培训等人力资源内容	http://www.hrloo.com/
站长之家	站长交流与学习网站，网站提供了大量的站长工具，同时也有建站、运营等内容	http://www.chinaz.com/
A5 创业网	互联网创业者交流和学习的平台，提供了大量的创业资讯和创业案例	https://www.admin5.com/
创业邦	为创业者提供创业服务的平台，有丰富的创业资讯、干货及产业研究报告	http://www.cyzone.cn/
蜂鸟网	摄影爱好者学习和交流的平台，提供了丰富的摄影资讯，同时也提供二手摄影器材交易以及摄影培训课程	https://www.fengniao.com/
虎嗅网	聚焦科技与创新的资讯平台，提供了电商、医疗健康、人工智能、社交通信等领域的内容	https://www.huxiu.com/

10.2.5　专业的新媒体软文发布平台

现如今，互联网上还有很多能提供"全方位"新媒体软文营销推广的平台，通过这些平台投放新媒体软文，可以提高软文发布的效率，使软文快速进行全网覆盖，得到海量曝光，常见的软文发布平台有以下两个。

1）软文街

软文街（https://www.ruanwen.la/）是专业的软文营销推广平台，与它合作的优质媒体有很多，包括小红书、微信、微博，以及各大门户网站。在软文街发布新闻稿要经历如图 10-19 所示的流程。

图 10-19　软文街新闻稿发布流程

2）网媒 360

网媒 360（https://www.wangmei360.com/）是编辑与媒介为一体的软文发布平台，运营者可以与媒体资源方直接对接，减少中间环节。在网媒 360 的软文媒体查询页面，运营者可根据营销需求查询媒体或自媒体资源的出稿速度、价格等，如图 10-20 所示。

媒体资源	**自媒体资源**											
所属平台：| 不限	搜狐	腾讯	网易	新浪	凤凰网	今日头条	百家号	熊掌号	爱奇艺	艾瑞网	北京时间	东方头
		汽车头条	太平洋汽车行家	去哪儿	人民号	途牛	天涯	同花顺	UC头条	小红书	雪球	易车号	一点
行业类型：| 不限	财经	动漫	房产家居	公益	健康	教育	科技	历史	旅游	美食	母婴	汽车　三农　社会
媒体标签：| 不限	周末可出	可发视频	官方号	移动客户端	平台推荐	低价秒杀						
粉丝数：| 不限	5000以下	5000-1万	1-3万	3-5万	5-10万	10-20万	20-50万	50万以上				
平均阅读数：| 不限	50以下	50-100	100-300	300-500	500-800	800-1200	1200-2000	2000以上				
媒体价格：| 不限	20元以下	20-30元	30-40元	40-60元	60-80元	80-100元	100-150元	150元以上				

图 10-20　自媒体资源查询

小贴士

　　随着内容营销的兴起，软文发布的平台也越来越多，运营者在选择软文发布平台时，最好选择媒体资源比较全、交易有保障的平台。此外，还要对比各平台软文的发布价格，尽量选择性价比高的平台。

10.3 发布软文到主流新媒体平台

新媒体软文的发布平台主要分为付费平台和免费平台两种，从前面的内容可以知道，免费的软文发布平台有很多。对于初创的小企业、电商或自媒体来说，应先做好主流平台的软文营销推广。

10.3.1 用手机发布公众号图文消息

发布公众号图文消息，可以在微信公众平台图文编辑页单击"群发"按钮进行发布，也可以在手机上使用"订阅号助手"App进行发布，具体操作如下所示。

单击"订阅号助手"应用图标，在打开的页面中选中"同意《微信公众平台服务协议》"单选按钮，单击"微信登录"按钮，如图10-21所示。

图10-21 打开"订阅号助手"应用

在打开的页面中选择要登录的公众号，进入互动页面，单击"我"按钮，如图10-22所示。

图10-22 登录公众号

在打开的页面中选择"素材库图文消息"选项，在素材库图文消息页面选择要发布的图文消息，如图10-23所示。

图 10-23　选择图文消息

在打开的页面中单击"发表"按钮，在打开的对话框中单击"发表"按钮，如图 10-24 所示。

图 10-24　发布图文消息

10.3.2　在新浪微博发布头条文章

发布新浪微博软文可以在电脑端发布，也可以在手机端发布，对于内容较长的微博可以发布"头条文章"。下面以手机端微博客户端为例，来看看如何发布。

打开手机微博，在首页"+"下拉列表中选择"文章"选项，在打开的页面中输入标题和内容，如图 10-25 所示。

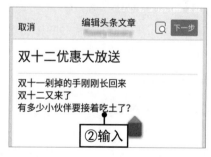

图 10-25　编辑头条文章

单击"图片"按钮，在打开的手机相册中选择图片，单击"下一步"按钮，如图 10-26 所示。

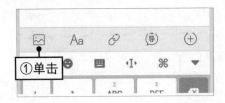

图 10-26　选择图片

完成文章编辑后单击"下一步"按钮，进入微博发布页面，单击"发送"按钮，如图 10-27 所示。

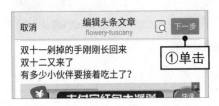

图 10-27　发布头条文章

10.3.3　种草类软文发布到电商内容频道

电商平台是发布种草类软文的重要阵地，这里以淘宝网为例，来看看如何发布种草类软文。

登录阿里创作平台（https://we.taobao.com/），在打开的页面中单击"发微淘"按钮，在类型选择页面单击"好货种草"栏中的"立即创作"按钮，如图 10-28 所示。

图 10-28　选择发布类型

在打开的页面中单击"单品种草"按钮，切换至"添加宝贝"选项卡，输入宝贝链接，单击"添加宝贝"按钮，如图 10-29 所示。

图 10-29　添加宝贝

添加宝贝后单击"确定"按钮，单击"添加搭配图"按钮，如图 10-30 所示。

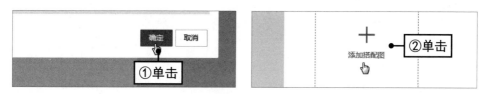

图 10-30　添加搭配图

进入添加图片页面，选择"上传新图片"选项卡，将搭配图拖曳至虚线框内，完成图片上传后单击"确定"按钮，如图 10-31 所示。

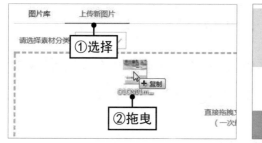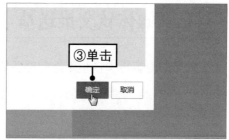

图 10-31　上传图片

对图片比例进行裁剪，完成后单击"确定"按钮。在搭配图中添加锚点，输入标签内容，单击"添加"按钮，如图 10-32 所示。

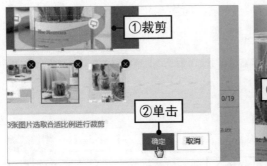 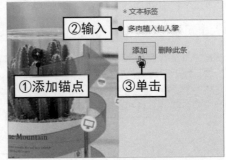

图 10-32　添加文本标签

在返回的页面中输入种草标题和种草描述,单击"发布"按钮发布种草软文,如图 10-33 所示。

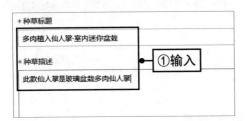 

图 10-33　发布种草软文

10.4 新媒体软文推送基本策略

软文的内容再丰富也不能忽略新媒体推广策略的运用,结合新媒体的特性,把握软文的推送频率和时间等要素,能提高新媒体软文的推广效果。

10.4.1 把握软文推送的频率和时间

在新媒体运营过程中,有的运营者会发现这样的现象:一推送广告就掉粉。这种情况让很多运营者都心惊胆战,好不容易获得的粉丝却留不住。面对这种情况，运营者要考虑是不是由于软广告推送频率过高造成的。

运营者要清楚，用户都不喜欢看广告，如果公众号、朋友圈或微博中整天都是刷屏式的软文，久而久之，用户也会感到厌烦，从而取消关注。

在社交媒介上做软文营销，要注意软广告的推送频率。以订阅号为例，虽然订阅号每天都可以推送一次图文消息，但不是每天的推送中都要植入广告。对于粉丝黏性不高的公众号而言，建议一周推送一次软广告。对于粉丝量和黏性都比较高的平台，可每天推送软文广告，但要保证头条内容足够优质，是干货内容，软文广告才可以放在头条内容中。

对于论坛、社区、门户网站这样的平台来说，可根据运营精力规划推送频率。在精力足够的情况下，最好保证每天更新；如果软文质量足够优质，可一周更新一篇。

从推送时间上来看，应选择用户相对空闲的时间点推送软文，比较好的时间点有以下几个。

（1）7:00~8:00，用户可利用等车或吃早饭的时间阅读文章。

（2）11:00~13:00，用户可利用放松或午饭时间阅读文章。

（3）19:00~23:00，用户的空闲时间比较多。在这个时间段内，效果比较好的时间段有 19:00~20:00 和 21:00~22:00。

10.4.2　使用新媒体管家全网推送软文

现如今，做新媒体软文营销推广，大多数都是多平台运营，在这种情况下，要提高软文的发布效率，就要善用新媒体一键发布工具，下面以新媒体管家为例，来看看如何多账号一键发布软文。

进入新媒体管家（https://xmt.cn/）首页，选择正在使用的浏览器类型，单击"下载插件手动安装"按钮。下载完成后，在电脑中找到下载好的文件，双击文件名安装插件，如图 10-34 所示。

图 10-34　下载并安装插件

安装成功后返回新媒体管家首页，登录个人账号（没有账号可先注册），进入个人中心，单击要绑定的新媒体账号，这里以微信公众号为例，如图 10-35 所示。

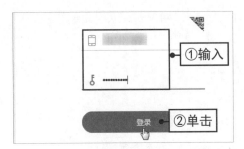

图 10-35　登录账号

页面自动跳转至微信公众平台，登录微信公众号，登录成功后会自动绑定新媒体管家。按照同样的方法绑定其他账号，绑定完成后切换至"发布历史"选项卡，单击"前往发文"超链接，如图 10-36 所示。

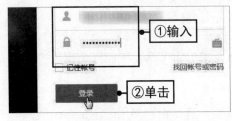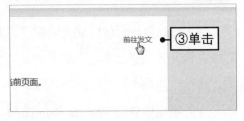

图 10-36　绑定账号

在打开的对话框中单击"好"按钮，进入全网发布页面，输入微信图文链接，单击"确定"按钮，如图 10-37 所示。

图 10-37　创建任务

选择需要同步的账号，单击"下一步"按钮，在打开的页面中单击"编辑"按钮，如图 10-38 所示。

图 10-38　设置同步账号

在打开的页面中按照提示修改文章内容，修改完成后，单击"保存"按钮，如图 10-39 所示。

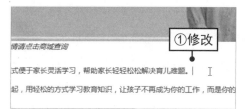

图 10-39　修改文章

在返回的页面中单击"修改"超链接，在打开的对话框中修改标题，单击"确定"按钮，完成修改后单击"发布"按钮，如图 10-40 所示。

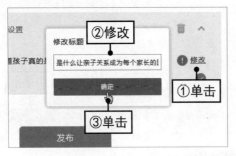
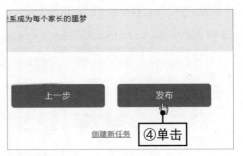

图 10-40　发布内容

对于已绑定的账号，若要解绑，可单击浏览器右上角的"新媒体管家"按钮，在打开的下拉列表中右击要解绑的账号，在弹出的快捷菜单中选择"解绑"命令，如图 10-41 所示。

图 10-41　解绑账号

 小贴士

　　目前，新媒体管家提供的全网发文功能，同步的文章源支持微信公众号内的文章，包括但不限于已经发布的文章、正在编辑的文章素材等。支持同步的新媒体平台包括微博头条文章、今日头条、百家号、一点资讯、企鹅媒体平台、网易号媒体开放平台、搜狐号、简书。

主流新媒体
渠道软文营销

主流新媒体平台是企业、商家、自媒体等做软文营销推广无法避开的渠道。不同渠道的营销方法有所不同，所以了解这些渠道的软文营销方法是必备的技能，下面就来看看这些营销方式的具体方法。

➤ 公众号裂变活动引发关注　　　➤ 发布微博活动提高参与度
➤ 个人客服号裂变涨粉　　　　　➤ 提高微淘账号层级
➤ 裂变海报引导扫码进群　　　　➤ 活动投稿获得公域流量推荐
➤ 用热门话题带动转发　　　　　➤ 互动工具调动粉丝互动
➤ 内容置顶获得更多流量　　　　➤ 今日头条发文如何获得推荐
➤ 文案中添加商品链接　　　　　➤ 百家号文章如何获得更多流量
......

11.1 微信平台软文裂变玩法

通过裂变玩法实现公众号、客服号涨粉，是微信平台中常用的营销方法。裂变玩法要想实现好的效果，就要充分利用社交关系链，而微信平台的强社交关系，为裂变引流提供了良好的环境。

11.1.1 公众号裂变活动引发关注

用户关注某一公众号大多数情况下是出于两种动机：①内容能让人受益；②关注后能获得某种利益，如礼品、资源等。裂变活动就是通过"软文＋裂变奖品海报"引流，具体方式有以下两种。

1）直接引导扫码关注

在公众号软文中插入裂变海报或通过群发模板消息的方式，让用户通过直接扫码关注获得他们所需要的奖品。这种方式与第6章介绍的"提高新媒体账号涨粉率"方法相似，这里就不再做过多介绍。

2）助力引导关注

这种方式会涉及多个用户，容易给公众号带来金字塔式的裂变效果，具体裂变方式如图11-1所示。

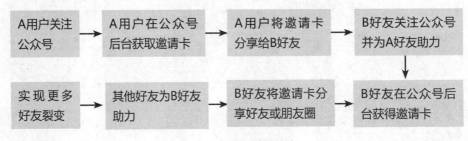

图 11-1　助力引导关注

通过上述流程可以看出，这种裂变玩法的传播效果更好，且活动循环往复，能实现多次裂变，如图11-2所示。

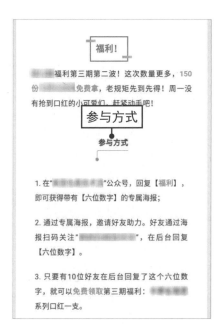 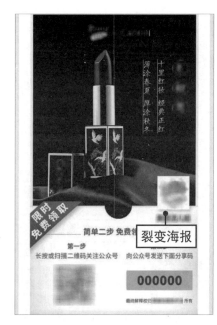

图 11-2　公众号软文裂变活动

小贴士

在裂变活动中设置的裂变奖品要选择与公众号产品服务有关或目标用户喜欢的奖品，这样才能吸引用户参与活动，获得的粉丝也会更精准。

11.1.2　个人客服号裂变涨粉

裂变涨粉方法除了可以应用在公众号中，还可以应用在个人客服号中。将用户引流到个人客服号中，可以实现软文的一对一反复营销，同时也有助于后续开展裂变活动时，获得爆发式增长。

个人客服号裂变玩法与公众号相似，不同之处在于，在裂变海报中需要加上公众号客服的二维码。活动方式主要有两种，一是在软文中让用户转发本文，然后加客服微信，发送朋友圈截图获得奖励；二是让用户加客服微信获取邀请海报，然后让好友助力，助力成功即获得奖励，如图 11-3 所示。

图 11-3　个人客服号裂变

11.1.3 裂变海报引导扫码进群

社群裂变主要通过引导用户扫码进群，然后引导用户邀请好友进群、分享海报或文案等方式实现裂变。图 11-4 为 QQ 社群裂变。

图 11-4　QQ 社群裂变

11.2 微博平台软文营销

对微博软文营销不太了解的人可能会认为，微博只是通过发文刷存在感。实际上，作为新媒体营销矩阵的重要一环，微博有很多营销玩法，新媒体运营者要学会合理利用这些方法。

11.2.1 用热门话题带动转发

熟悉微博的运营者应该知道，微博上的热搜榜、话题榜每天都会吸引大量用户的关注，这意味着热门话题拥有着丰富的流量资源。每当有新剧集、新产品发布时，都可以在热搜中看到它们的身影。利用微博热门话题做软文营销，具体方式有两种。

1）发带热门话题的微博

微博热搜榜展现的是微博上的实时热点，该热点每分钟更新一次，运营者可通过发布带热搜话题的软文实现内容曝光。如果该内容拥有比较好的转发量、点赞量，还可能上该话题的热门推荐，热门内容会在该话题内容页的前排展示，如图 11-5 所示。

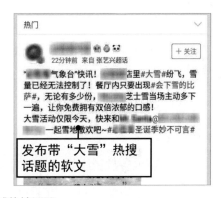

图 11-5　微博热搜话题

在利用热搜话题做软文营销时，运营者要擅于预测潜在的热门话题，提前做好文案、图片等的策划，这样才能及时把握住热搜话题的流量。一般来说，节日节气、社会热点、热播剧、明星话题比较容易上热搜话题榜。此外，运营者也要多关注微博热搜中的"实时上升热点"，这些热点具有上热搜的潜力。

2）创建新话题并申请主持人

做微博热门话题营销，除了可以利用现有的话题外，还可以通过创建新的话题做营销，创建新话题后最好去申请话题主持人，主持人拥有微博推荐、屏蔽单条/指定用户微博、置顶单条微博等权限，这对于做软文营销是很有利的。

发布微博时，带上#你的话题#即可创建新话题。进入该话题主页，单击"申请主持人"按钮申请成为主持人。如果该话题已有主持人，也可进行申请，竞争为主持人，如图11-6所示。

图 11-6　申请主持人

并不是话题的首发用户就一定可申请为主持人，首发用户具有申请主持人的一定优先权，但这并不是决定性因素。微博还会考查申请者对话题内容的贡献度，多参与话题讨论能提高贡献度。此外，申请者属性与话题领域的匹配度、申请者参与话题讨论的先后顺序也会成为考查因素。

11.2.2　内容置顶获得更多流量

微博上有很多营销工具，其中置顶工具是营销推广中比较常用的。置顶功能可以将需要突出展示的微博内容置于其他微博内容的前面，如营销广告、带链接的推广信息等。置顶的内容不受时间限制，可选择任意微博内容进行置顶，如图11-7所示。

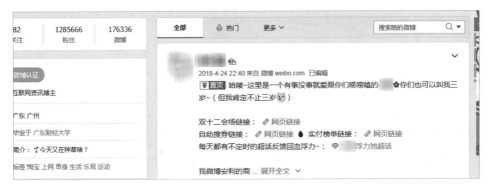

图 11-7 微博置顶

微博置顶的操作很简单，进入个人主页，在需要置顶的微博内容右侧下拉列表中选择"置顶"命令，如图 11-8 所示。

图 11-8 微博置顶设置

微博置顶功能仅限微博会员使用，运营者可以进入微博会员页面（https://vip.weibo.com/）开通会员。

11.2.3 文案中添加商品链接

对于电商卖家来说，可以在微博软文中添加商品链接，微博用户可通过该链接直接进入商品购买页，如图 11-9 所示。

图 11-9 在微博中添加商品链接

需要注意的是，在微博中插入的商品链接必须是淘宝链接，这样才能在微博内容中显示产品卡片，如图 11-10 所示。

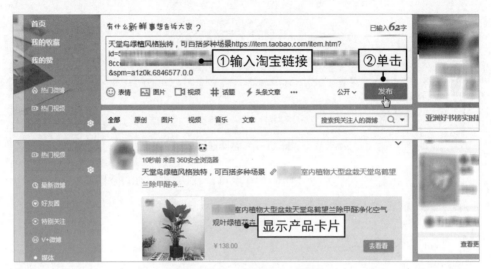

图 11-10　插入商品链接

除了可以在微博内容中插入商品链接带动产品销量外，运营者还可以通过商品橱窗实现带货。商品橱窗展示在电脑端和手机端的个人主页中，如图 11-11 所示。

图 11-11　微博商品橱窗

在手机微博客户端"我"页面点击"粉丝服务"按钮，在打开的页面中单击"微博橱窗"按钮申请开通橱窗功能，如图 11-12 所示。

图 11-12　开通微博橱窗

11.2.4　发布微博活动提高参与度

在微博上，运营者可以利用微博活动实现涨粉、粉丝互动、产品推广的目的。微博活动有多种类型，包括有奖转发、有奖评论、有奖点赞等。新媒体运营者可通过微博提供的抽奖工具创建微博活动，保证活动的公平公正，下面以手机端创建抽奖活动为例，来看看如何发布微博有奖活动。

在手机微博首页 + 下拉列表中选择"写微博"选项，在打开的页面中输入活动内容，单击"+"按钮，如图 11-13 所示。

图 11-13　创建微博活动内容

在弹出的下拉列表中选择"抽奖"选项，进入"创建抽奖"页面，设置奖品、参与方式、开奖时间等，如图 11-14 所示。

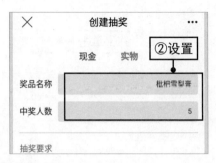

图 11-14　设置活动规则

完成设置后，单击"下一步"按钮，在打开的对话框中单击"确定"按钮，如图 11-15 所示。

图 11-15　确认抽奖详情

完成以上步骤后，再发布微博活动内容。发布微博活动后，还需要对活动进行备案，备案的方式有两种，一种是再发布一条带有活动规则、奖品、抽奖时间的微博内容，在活动微博中 @ 微博抽奖平台；另一种是进入"微博客服"私信页面，选择"活动备案"选项进行备案，如图 11-16 所示。

图 11-16　微博活动备案

小贴士

　　创建微博抽奖活动时，若要实现更多抽奖规则特权，如在抽奖规则中要求用户参与活动时 @ 好友（最多 3 个）、设置关注除自身账号外的其他账号等，那么需要开通超级粉丝服务包。

11.3　电商平台软文营销

　　淘宝网是很重要的电商平台。下面以淘宝网为例，来看看电商平台软文营销的方法。

11.3.1　提高微淘账号层级

　　在淘宝中，微淘是以关注关系为核心的生活消费类内容社区，也是商家和达人发布上新资讯、种草软文的重要平台。在淘宝内容生态体系中，每一位商家和达人都拥有自己的微淘号用于内容发布。

　　根据商家和达人的内容创作能力、粉丝运营能力和账号健康度的不同，淘宝对微淘号进行综合评估，不同等级的商家和达人，拥有的权益是不同的。以商家微淘号为例，各层级对应的权益如表 11-1 所示。

表 11-1　微淘商家号各层级权益

商家层级	工具权益		活动权益	流量权益		
	发布条数	粉丝亲密度	超级上新日	微淘公域流量扶持	微淘账号发现	猜你喜欢
L6	5 条 / 天	√	√	优先	优先	优先
L5	5 条 / 天	√	√	优先	优先	优先
L4	5 条 / 天	√	√	优先	优先	优先
L3	3 条 / 天	任务	√	优质账号	优质账号	优质内容

续表

商家层级	工具权益		活动权益	流量权益		
	发布条数	粉丝亲密度	超级上新日	微淘公域流量扶持	微淘账号发现	猜你喜欢
L2	2条/天	任务	√	√	×	优质内容
L1	1条/天	×	×	√	×	优质内容
L0	1条/天	×	×	√	×	×

从表11-1的内容中可以看出，微淘号层级越高，获得的权益越多。同时，高等级的账号还可以优先获得公域流量扶持。想要提高微淘号的层级，商家和达人需要提高内容价值分、粉丝价值分和账号健康分，具体做法如下。

◆ **内容价值分**：多发布原创微淘内容或阿里V任务采买的优质内容，有助于提高内容价值分。内容是否优质主要从内容的点赞、评论等互动情况，用户对内容中推荐的商品的感兴趣度判断。

◆ **粉丝价值分**：发布优质内容并引导粉丝点赞、评论，创建粉丝喜欢的内容，吸引粉丝观看发布的图文、视频等，有助于提高粉丝价值分。

◆ **账号健康分**：保证优质内容的更新，不发布危害信息、淘系外的内容和广告，有助于提高账号健康分。

小贴士

公域流量是指淘宝网中基于算法规则推荐的流量，主要包括淘宝行业频道、各种内容营销活动中的流量，如有好货、上新活动流量、猜你喜欢。与公域流量相对应的是私域流量，私域流量是卖家自身内容渠道拥有的粉丝流量，如微淘"关注"页面、群聊等，这些渠道的内容只会推荐给店铺粉丝。

11.3.2 活动投稿获得公域流量推荐

在淘宝微淘中，商家和达人都可以通过活动投稿获得公域流量推荐的机会。

不同的活动对行业和内容的要求不同，商家和达人可以选择适合自己产品的活动进行投稿，下面来看看如何进行活动投稿。

进入阿里创作平台，单击"活动投稿"超链接，在打开的页面中选择适合的内容主题，单击"立即投稿"按钮，如图 11-17 所示。

图 11-17　进入活动投稿页面

在打开的页面中阅读活动时间、规则说明，确保投稿内容符合要求，阅读完成后，单击内容类型超链接，这里单击"帖子"超链接。此时页面会自动跳转至内容发布页，按要求完成内容发布即可，如图 11-18 所示。

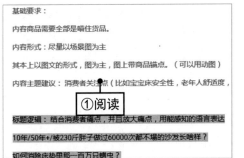

图 11-18　发布内容

完成内容投稿后，官方小二会进行内容审核，只有投稿的内容通过审核后才有可能获得公域流量推荐。由于内容投稿活动都有一定的时间限制，所以商家和达人要经常关注"活动投稿"页面，了解最新的活动详情，尽可能投稿更多适合自己的内容，以获得更多被公域展现的机会。

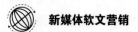

11.3.3 互动工具调动粉丝互动

粉丝对内容的点赞、收藏、分享、评论等，会影响内容质量分以及公域流量推荐。因此，想要让种草内容获得更多曝光，进而实现内容变现，提高粉丝互动的积极性就很重要。

在微淘中，商家和达人可以通过使用官方互动工具提高粉丝活跃度。在日常内容营销中，可以创建的互动活动有以下几种。

1）投票

投票互动活动支持文本、图片、商品和其他4种投票类型；活动时间可设置为长期或限期；投票形式可单选，也可多选；投票内容根据营销需要策划，如投出最喜爱的新品、选出喜欢的主播等。

2）征集

征集互动活动可用于引导买家创建内容，如晒买家秀、晒订单、晒购物车等。征集活动的类型有两种：①是买家秀征集；②活动征集。在买家秀征集类型下，征集到的买家秀可以进入素材库，加精后可在宝贝页的买家相册和店铺圈等地方展示。活动征集类型主要用于举办晒购物车、晒美照等活动，其作用主要为调动粉丝活跃度。

商家和达人可创建有奖征集或无奖征集，对于买家秀征集，通常情况下都需要创建有奖征集，这样才能调动粉丝参与的积极性。奖品类型可以是实物，也可以是优惠券、现金红包等。

3）分享有礼

分享有礼是在宝贝详情页中展现的活动，商家可自由设置中奖条件，包括拉3人回流或拉5人回流。分享者完成任务后，可获得相应的优惠券，享受商品折扣，分享有礼有利于提高购买转化率，实现以老带新。

4）新品预约

新品预约是"上新预约 + 抽奖"相结合的互动活动，主要用于新品发布场景中。支持优惠券、店铺活动、实物 3 种奖品形式，奖品数量可根据上新计划配置。

在创建新品预约互动活动时，商家须设置上新时间和活动结束时间，上新时间须设置为新品发布的时间，最多可添加 9 件新品，最少为 1 件。新品预约互动有助于提高新品的销量，实现粉丝回流。

5）店铺派样

店铺派样是一种提供小样试用的互动活动，活动形式为抽奖，奖品为实物小样。在创建店铺派样互动活动时，主标题内容为介绍样品本身，副标题则说明样品数量、规格信息。这种互动方式有助于吸引潜在用户购买店内产品，也有助于促进新品销售。

6）店铺活动

店铺活动是"活动预约＋抽奖"相结合的一种互动活动形式，主要用于店铺日常活动营销中，如双十一、大促、聚划算开团等。奖品形式支持特价商品、优惠券和红包。在创建店铺活动时，活动商品最多可选择 9 个，中奖率可自由设置，一个奖品用户只能抽奖一次。

了解了官方互动活动的具体内容后，商家和达人可根据营销需求创建适合的互动活动。进入阿里创作平台"互动管理"，单击要创建的活动超链接，即可进入活动创建页面，如图 11-19 所示。

图 11-19　互动管理主页

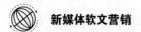

11.4 自媒体平台软文营销

现如今，自媒体平台已成为网民分享和浏览资讯内容的重要平台。对于新媒体运营人员来说，自媒体平台则是软文营销不能忽略的平台。想要在自媒体平台获得好的营销效果，就需要明白其运营原理。

11.4.1 今日头条发文如何获得推荐

在今日头条进行软文营销，如果文章能够获得平台的推荐，将会大大提高文章的浏览量，那么今日头条的推荐机制是怎样的呢？

今日头条是根据智能算法推荐内容的，在文章发布后，系统会进行审核，给文章打标签。标签主要根据文章关键词提取，比如一篇美食教程的文章，标签可能为美食、菜谱、家常菜做法等。为了避免系统无法识别关键词，一些非常规词尽量不要使用。此外，文章中的关键词最好使用高频词，这样更容易踩到大类标签，所命中的用户会更多。

系统除了会给文章打标签外，还会给用户打标签，今日头条会根据用户的基本信息、阅读爱好对用户打标签，然后根据用户喜好推荐文章。

在具体推荐时，今日头条会分批次进行推荐。首次推荐，会将文章推荐给标签匹配度最高的用户，如粉丝。根据他们的阅读反馈决定是否进行二次推荐，具体会根据文章的点击数、评论数、收藏数和转发数来判断，如果数据表现好，二次推荐时会将文章推荐给更多潜在读者，反之会减少推荐量。所以为了保证文章的优质度，首次推荐时获得好的阅读数据是很重要的。

一些今日头条作者可能会产生这样的疑惑："为什么我的文章没有获得推荐"，这可能由以下几个原因造成。

◆ **内容不够垂直**：为了让发布的软文能推荐给精准用户，在做今日头条内容运营时，就要明确自身定位，尽量保证标题和内容贴切且内容具有垂直性，让内容标签定位明确，内容混乱会导致标签混乱，影响文章推荐。

◆ **内容质量度不高**：文章没有可读性、封面图模糊、标题不够吸引人等都会影响文章的阅读数据，从而影响推荐量。多发优质内容，才容易获得高推荐。

◆ **活跃度不高**：针对不同等级的账号，平台给予的推荐力度也会有所不同，因此保证文章更新频率，保持账号活跃度，提高等级也很重要。

◆ **内容领域小众**：如果选择的内容领域本身就是比较小众的，那么今日头条中的潜在用户也会较少，因此也很难获得高推荐量。

11.4.2　百家号文章如何获得更多流量

百家号（https://baijiahao.baidu.com/）是百度搜索引擎为用户提供的内容发布平台，在百家号进行软文营销，关键要保证文章通过审核。百家号文章审核以系统审核为主，人工审核为辅，文章想要快速通过审核，须满足以下条件。

◆ **标题要求**：标题没有错别字，没有敏感词汇或低俗内容。

◆ **文章要求**：正文中不含虚假、低俗、违反法律法规的内容，避免标题文不对题。内容中不要出现二维码、联系方式、图片水印等明显的广告信息。

在文章符合平台规范的基础上，想要让发布的文章获得更多流量，还应掌握一定的方法，如表 11-2 所示。

表 11-2　百家号文章获得更多流量的方法

方法	内　容
分类明确	在为文章选择分类时，要根据内容定位选择，确保两者相匹配
领域与内容匹配	在注册百家号时，会要求用户选择自己擅长的创作领域，领域提交后不可修改。后期发文时，领域与内容一致有助于提高账号等级。需要注意的是，发布不属于账号擅长领域的文章会在一定程度上延长推荐时间，使得文章不能在规定时效内推荐给潜在读者

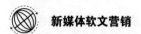
续表

方法	内　容
分类与内容相关	发布百家号文章时会选择分类，分类要和内容定位相关。在添加标签时，标签要根据内容设置，标签越准确，越有利于精准推荐给目标人群
封面图与内容相符	百家号文章的封面图要与内容主题相符合，封面图的设置方式有两种：单图和三图。建议选择三图，让图片看起来更生动
利用稀缺词创建内容	创建百家号文章时，可以根据百家号后台"发现"页面提供的稀缺词工具查看稀缺词。稀缺词可以帮助作者了解哪些主题是读者想要看的，围绕稀缺词领域创建内容，更容易获得好的阅读数据
做好封面和标题	百家号会将文章推荐给有相关兴趣需求的读者，首次推荐的点击率会影响下一轮的推荐量（点击率=内容被点击次数/内容展现次数）。在百家号中，用户主要根据标题和封面图来决定是否点击，所以优化标题和封面图，获得首轮高点击率，能帮助获得更多推荐
首发文章选择百家号	如果主要运营的自媒体平台是百家号，那么首发文章最好都选择百家号，这样更容易通过原创内容认证申请，获得原创内容认证的作者可拥有更多权益，如原创标签、粉丝必现；同时首发在百家号的文章会获得更高的推荐量

　　不同类型的作者，百家号发文的数量是不同的，其中试运营作者每天可发布 1 篇、正式运营作者每天可发布 5 篇。除了发文篇数的不同外，正式运营作者还能开通广告收益权限，这对很多新媒体运营者来说是很重要的。

　　要成为正式运营作者，注册天数应满 7 天，除此之外，百家号指数要在 500 以上。百家号指数根据内容质量、活跃表现、领域专注、用户喜爱和原创能力几个指标综合计算得出，因此保持文章的更新，多发原创文章可以提高百家号指数，当百家号指数到达转正要求后，就可以申请正式运营作者了。

　　成为正式运营作者后，如果能申请原创标签，要尽量去申请，原创标签作者每天可发布 10 篇文章。

11.4.3　大鱼号如何转正获得推广权益

　　大鱼号（https://mp.dayu.com/）是阿里文娱体系为用户提供的内容发布平

台。个人／自媒体、机构、企业等都可以申请大鱼号，注册成功大鱼号后即可成为平台创作者，这时账号会进入"试运营"阶段。

"试运营"阶段的作者只能获得基础发文权限，因此创作者要让自己尽快转正，成为正式普通作者，要想实现快速转正，应做到以下几点。

- ◆　保证 7 天内连续更新文章，中途若断更，重新计算连续发文天数。
- ◆　保证发文质量，避免发布不符合平台规则的文章，让文章质量符合平台推荐，只有当信用分为 100 分，发布的文章与符合平台推荐的文章占比 ≥ 80% 时，才会自动开通转正申请通道。
- ◆　根据选择的账号类型完成认证，保证主体合规。

当大鱼号账号还处于"试运营"阶段时，也可以获得平台推荐。推荐机制为：当文章通过审核后，会进入推荐系统，系统根据标签形式将内容推荐给兴趣用户。影响推荐量的因素有两个，一是内容本身的优质度，二是账号的总体质量评分。

内容本身的优质度会根据文章的原创度、字数（是否少于 600 字）、时效性（是否具有话题性和热度）、垂直度（是否专注于某一领域），以及版面（是否美观）等判断。

账号总体质量评分根据账号活跃度、违规内容占比、内容原创度、内容优质度、内容热度、阅读转化率和粉丝的影响力综合进行评估。保证内容更新频率，不发布违规内容，发布有互动性的内容，引发读者评论，有助于提高账号总体质量分。

从"试运营"阶段开始，大鱼号有自己的一套成长体系，分为试运营作者→普通作者→铜 V 作者→银 V 作者→金 V 作者。其中，普通、铜 V、银 V、金 V 作者在满足一定的条件后可以获取"商品推广"权益。

获得"商品推广"权益的作者可以在文章（图文或视频）中添加淘宝或天猫商品卡片。由此可见，"商品推广"权益是新媒体运营者做大鱼号软文营销的重要工具，要获取"商品推广"权益须满足如表 11-3 所示的条件。

表 11-3　获取"商品推广"权益的条件

成长等级	维度	指　标
铜 V、银 V、金 V 作者	主体	非政府、其他组织
普通作者	主体	非政府、其他组织
	合规	信用分 ≥ 80，已通过实名认证
	质量	质量指数 ≥ 80
	活跃	近 30 日发布图文数量 ≥ 1 篇 / 天或近 30 日发布视频数量 ≥ 10 条，且发布视频天数 ≥ 10 天

　　满足条件的作者可进入大鱼号后台"成长"页面，选择"权益中心 / 高阶权益"选项，在打开的页面中单击"商品推广"超链接开通"商品推广"权益。

　　开通"商品推广"权益后，在发布图文内容时，单击"商品"按钮进入商品选择页面，创作者可以搜索或单击"选取"要推广的商品，如图 11-20 所示。

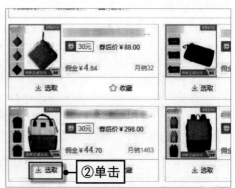

图 11-20　选取商品

软文营销推广效果评估

做了软文营销有没有效果？效果是好还是坏？这是新媒体运营者需要思考的问题。用数据指标评估软文营销的效果比较客观和准确，而且可以帮助运营者进行软文营销优化。

▶ 为什么要分析内容数据
▶ 如何获取内容统计数据
▶ 效果评估的几个基本指标
▶ 不同平台内容数据细分
▶ 微博传播数据了解博文影响力
......

▶ 微信数据了解文章受欢迎度
▶ 查看软文是否被收录
▶ 了解网站权重提升效果
▶ 电商从销量了解带货力
▶ 渠道对比调整资源方向

12.1 新媒体内容数据分析

在新媒体内容运营过程中，内容数据分析指通过客观数据对内容进行评估的一种分析方法，也是新媒体运营者必备的一项技能。

12.1.1 为什么要分析内容数据

从软文营销推广的流程来看，内容数据分析是重要的一环，起着反馈问题、优化内容的重要作用，如图 12-1 所示。

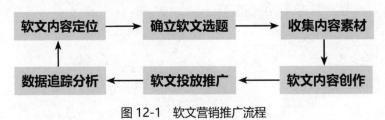

图 12-1　软文营销推广流程

具体来看，新媒体运营者对软文进行内容数据分析具有以下几个重要的意义。

◆ **确立重点运营渠道**：将同一条软文发布在公众号、头条号、大鱼号等平台后，可以通过每个平台反馈的内容数据间接判断潜在用户聚集的渠道，对于潜在用户较多的渠道，需要重点运营。

◆ **为内容优化提供依据**：通过对比不同软文的阅读数据，可以帮助运营者明确标题、图片等存在的问题，为软文内容优化提供依据。

◆ **为营销提供决策参考**：营销活动参与度数据、产品购买量等数据可以反映出当前软文营销的效果，为后续营销活动的开展提供决策参考。

◆ **提高用户体验**：通过不同时段的用户对内容的反馈数据，可以帮助运营者优化内容推送时间、推送方式等，从而进一步提高用户体验。

12.1.2 如何获取内容统计数据

做软文内容分析需要数据做支撑，内容分析所需的数据可通过多种渠道获取，具体包括以下几种。

1）公司网站

对于拥有官方网站的企业来说，可通过公司网站获取内容数据，如通过软文进入官网的用户量、软文内容页面跳出率、访客来源渠道等，公司网站数据一般可从数据库、网站后台获取。

2）各类账号后台

在各类新媒体平台账号后台一般都可以查询到内容数据，如文章阅读数、评论数、转发数等数据。如在公众平台后台，可以查看到图文阅读量数据；在微博数据助手页面，可以查看数据概览以及全部微博的阅读趋势等数据，如图 12-2 所示。

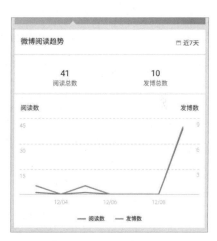

图 12-2　微博内容数据

3）三方平台

通过新媒体账号管理工具、网站监测工具、数据采集工具等第三方平台提供的工具，也可以获得所需的内容数据。运营者可以进入大数据导航（http://hao.199it.com/）页面查看并使用自己需要的数据工具，单击工具名称超链接即可进入相关的页面。需要注意的是，该网站推荐的部分工具可能并不提供内容分析数据，如图 12-3 所示。

问卷调查工具	Microsoft Forms　谷歌表单　Qualtrics　Dosurvey　腾讯调查
教育数据	国家统计局教育数据　上海教育数据　教育统计数据库　中国教育数据统计
网站排名查询工具	Alexa　Similarweb　Alexa网站排名查询
数字货币工具	全球电子货币排行榜　比特币数据统计　全球区块链指数
电竞游戏数据有新增！	中国电竞价值排行榜　esportlivescore　玩加电竞　最快比分网
移动应用查询工具	义端APP指数　App Annie iOS排名　蝉大师
大数据分析工具	Hadoop　MongoDB　AWS Data Pipeline　Snaplogic　Treasuredata　Striim
网站分析监测工具	Google Analytics　百度统计　360分析
移动应用监测工具	Google Firebase　百度移动统计　腾讯移动分析

图 12-3　数据分析工具

12.1.3 效果评估的几个基本指标

在新媒体软文营销效果评估中，有几个基本的数据指标可以很直观地反映出营销推广的效果，具体如表 12-1 所示。

表 12-1　新媒体内容效果评估基本指标

数据指标	指标说明
展示数据	展示数据可用来反映内容被查阅的情况，常用指标有覆盖人次、浏览量、推荐量、粉丝阅读量、页面停留时长等
传播数据	传播数据可用来反映内容被分享的情况，常用指标有转发量、有效转发量、二次转发量等
互动数据	互动数据可用来反映读者对内容的认可程度，常用指标有点赞量、评论量、分享量等
转化数据	转化数据可用来反映内容带来的转化效果，常用指标有购买链接点击次数、营销海报点击次数、涨粉数量、付费人数、付费金额等

在进行上述数据指标分析时，运营者可根据效果评估的需要选取数据，获取的数据越精准，能反映的运营效果也越准确。

12.1.4 不同平台内容数据细分

不同的新媒体平台，提供的细分数据会有所不同，下面以主流新媒体平台为例，来看看内容分析中直观的参考数据有哪些。

1）微信平台

在微信平台，常用的内容数据分析指标有阅读次数、分享次数和完成阅读次数。其中，分享次数包括读者转发或分享到好友会话、群聊、朋友圈及点击朋友在看的次数；完成阅读次数是指读者滑动到图文消息底部的次数。

另外，在微信公众平台，还可以查看不同传播渠道内容的阅读次数和人数，包括公众号消息、聊天会话、朋友圈、朋友在看、搜一搜等。微信平台内容数据可通过微信公众平台"内容分析"页面查看。

2）微博平台

微博中常用的数据指标有转发量、评论量和点赞量，针对单条微博内容，还可以查看阅读数、阅读人数、点击数和转评赞数。对于头条文章，可以查看阅读数和转评赞数，以及近 7 天、30 天、90 天的文章阅读趋势。

微博平台的内容数据可以通过电脑端"管理中心"的"数据助手"页面查看。手机端可在"我"页面单击"粉丝服务"按钮，在打开的页面中选择"内容效果"选项查看，如图 12-4 所示。

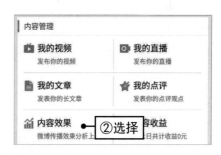

图 12-4　进入内容数据查看页面

3）电商平台

以淘宝网为例，发布在淘宝网中的内容可以在阿里创作平台的"内容分析"页面查看，其提供内容概况、渠道分析、商品分析和单条分析数据。常用的数据指标有浏览数据、互动数据和引导数据。其中，浏览数据包括内容浏览次数、内容浏览人数；互动数据包括内容互动次数、内容互动人数；引导数据包括引

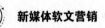

导进店次数、引导进店人数、引导收藏次数、引导收藏人数。

在渠道分析中，运营者可以自由提取数据指标进行效果分析，了解不同渠道内容的转化效果，如图 12-5 所示。

渠道排行					
浏览					
☐ 曝光次数	☐ 曝光人数	☐ 粉丝曝光次数	☐ 粉丝曝光人数	☑ 浏览次数	☑ 浏览人数
☐ 粉丝浏览次数	☐ 粉丝浏览人数				
互动					
☑ 互动次数	☐ 互动人数	☐ 评论次数	☐ 评论人数	☐ 点赞次数	☐ 点赞人数
☐ 分享次数	☐ 分享人数	☐ 新增粉丝数	☐ 取关粉丝数	☐ 粉丝互动次数	☐ 粉丝互动人数
引导					
☑ 引导进店次数	☑ 引导进店人数	☐ 引导加购人数	☐ 引导加购商品数	☐ 引导收藏次数	☐ 引导收藏人数
☐ 引导支付人数	☐ 引导支付子订单数	☐ 引导支付金额	☐ 引导粉丝进店次数	☐ 引导粉丝进店人数	☐ 引导粉丝加购人数
☐ 引导粉丝加购商品	☐ 引导粉丝收藏次数	☐ 引导粉丝收藏人数	☐ 引导粉丝支付人数	☐ 引导粉丝支付金额	
☐ 引导粉丝支付子订单数					

图 12-5　渠道分析数据指标

4）今日头条

在今日头条发布的内容，可登录头条号后在"数据分析"页面查看。常用的数据指标有推荐量、阅读量、评论量、收藏量和转发量。对于单条内容，新媒体运营者可以单击"详细分析"超链接进行效果分析。

12.2　如何评估软文营销效果

从不同平台获取到内容数据后，新媒体运营者还需要对这些数据进行分析，了解软文的营销效果，根据营销目的和平台选择的不同，在进行效果评估时使用的方法也有所区别。

12.2.1　微博传播数据了解博文影响力

对微博内容进行效果分析时，可以针对单条微博的传播效果进行分析，特别是在开展微博软文营销活动时，微博传播效果分析可以帮助运营者评估营销软文的传播力度、引爆点，了解评论转发者的属性标签，为下次微博营销活动的开展提供决策依据，下面来看看如何查看单条微博传播效果数据。

在微博手机客户端"粉丝服务"页面单击"微热点"超链接，在打开的页面中单击"热点分析"按钮，如图 12-6 所示。

图 12-6　进入微热点页面

在打开的页面中单击"微博传播效果分析"中的"创建分析"超链接，进入"微博传播效果分析"页面，输入微博链接，单击"确定"按钮，如图 12-7 所示。

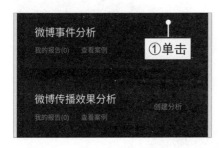

图 12-7　查看微博传播效果

完成以上步骤后，可以查看到该条微博内容的传播路径、转发层级、转发评论趋势图、引爆点，以及转发评论者等数据。

通过转发层级数据，可以了解该条微博的层级、有效转发数，以及覆盖人数等。层级越多，说明该条微博传播的范围越广；有效转发数和覆盖人数越多，说明该条微博的传播影响力越大。从转发评论趋势图中可以看出不同时间点该条微博转发、评论的数量，位于高点的时间段可以作为发布微博的推送时间参考，如图 12-8 所示。

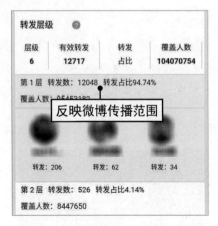
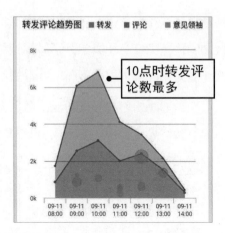

图 12-8　转发评论数据分析

通过转发评论者性别分析和兴趣标签数据，可以了解参与该微博传播的男女比例及兴趣爱好。

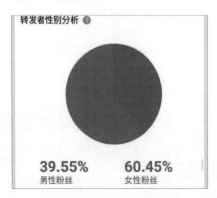

图 12-9　转发评论者数据分析

结合图 12-9 的数据可以看出，转发者中女性用户占比较高，对旅游、时尚、娱乐、美食等感兴趣。在后期策划微博内容时，就可以从女性用户的兴趣点出发，发布她们感兴趣的微博内容。

12.2.2　通过微信数据了解文章受欢迎度

在对微信公众平台的内容数据进行分析时，运营者要正确理解数据所反映的情况，才能更好地做微信平台运营。

　　在微信内容分析数据中，阅读量是重要的关键指标，但阅读量并不能完全反映软文是否被读者喜欢，它主要反映的是封面图、标题或摘要是否能吸引读者。阅读量越高，说明标题或封面图越具有吸引力。

　　分享量的多少可以反映出文章的质量，该值越高，说明读者对软文的认可度越高。如果文章的阅读量高，但分享量却很低，那么可能与正文内容不能打动读者、质量不够高有关。

　　完成阅读量也可以帮助运营者分析文章的质量，如果一篇软文的阅读量高，但完成阅读量低，那么可以间接说明软文的标题较好，但内容质量不高。图 12-10 为微信公众号关键指标数据。

图 12-10　微信公众号关键指标数据

　　内容数据还应结合用户数据进行分析，包括新关注人数和取消关注人数。新关注人数反映公众号涨粉的情况，该数据可以结合趋势图进行分析，如果来源中图文页右上角菜单 / 公众号名称的占比较高，那么表明文章内容能够吸引到用户，如图 12-11 所示。

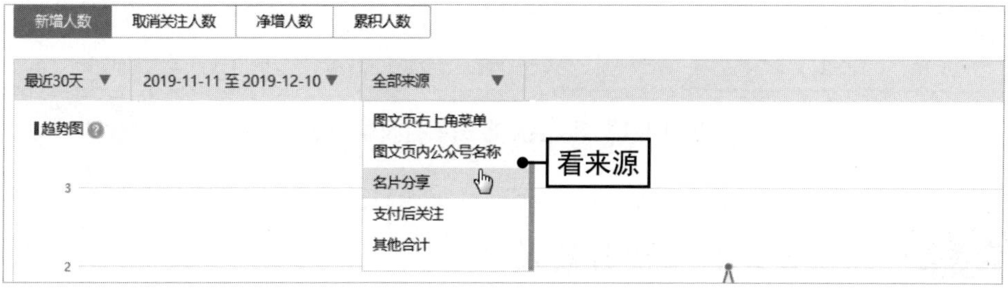

图 12-11　新增人数数据分析

一般来看，公众号有一定的取消关注是正常的，但新增人数要大于取消关注人数才表明公众号运营良好。若有较多老用户取消关注，那么就有可能与文章不符合粉丝喜好有关。

12.2.3 查看软文是否被收录

对于搜索引擎软文营销推广来说，查看软文是否被收录，能直观地了解软文营销是否有效。查询软文是否被收录的方法主要有两种，一种是在百度搜索引擎中搜索软文的标题，若已被收录，会以标红的字体显示在搜索结果中，如图 12-12 所示。

图 12-12　以标题搜索方式查询收录情况

此外，还可以在百度搜索引擎中搜索软文链接，若已被收录，会显示查看结果，反之会显示"没有找到相关网页"，如图 12-13 所示。

图 12-13　以链接方式查看收录情况

12.2.4 了解网站权重提升效果

对于有官方网站的企业来说，做软文营销的目的大多是提升网站排名。在进行软文营销一段时间后，可以通过查看网站权重了解软文营销的效果。下面以百度 PC 权重为例，来看看如何查询。

进入百度权重查询页面（http://rank.chinaz.com/），输入网址，单击"查看分析"按钮。若要查询权重趋势图，可单击"查看历史"超链接，如图 12-14 所示。

图 12-14　进入百度权重查询页面

在打开的页面中可以查看历史权重趋势图，或者切换查看预估流量、关键词数等，如图 12-15 所示。

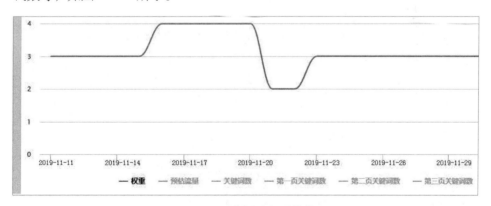

图 12-15　查看历史权重趋势图

如果在软文营销推广期间，网站的权重得到了提升，那么就说明软文营销取得了好的效果。除此之外，还可以在分析结果中查看关键词的涨入和跌出情况，如果软文推广提升了关键词排名，那么也可以证明软文营销是有效的，如图 12-16 所示。

涨入关键词 (80)				更多>>	跌出关键词 (140)
关键词	整体指数	新排名	旧排名		关键词
考核指标	163	8	50外		王者荣耀用户
产品架构图	15	10	50外		新媒体面试
自如app	21	14	50外		社区社群运营
电商运营流程图	2	17	50外		新媒体策划方案
互联网运营工资高吗	19	19	50外		公众号文章配图

图 12-16　涨入和跌出关键词数据

 小贴士

网站权重是搜索引擎对网站权威值作出的评价，权重数值越大，说明网站占搜索引擎的分量越大，网站流量自然也越大，关键词排名就会越好。

12.2.5 电商从销量了解带货力

电商卖家做新媒体软文营销，主要目的是提升网店销量，所以种草类软文是否能带来销量就是评估软文营销是否有效果的重要指标。

在阿里创作平台的"内容分析"页面中，可以通过查看引导加购商品数、引导加购人数、引导支付人数和引导支付金额等数据评估软文营销的效果。如果数据表现不佳，那么表明种草软文没有带来好的营销效果，如图 12-17 所示。

未带来成交，软文营销效果不佳

引导成交

引导加购商品数 ●	引导加购人数 ●	引导支付人数 ●	引导支付金额 ●
0	0	0	0.00
较前30日 　　-	较前30日 　　-	较前30日 　　-	较前30日
引导粉丝加购商品数　0	引导粉丝加购人数　0	引导粉丝支付人数　0	引导粉丝支付金额

■ 引导支付人数　■ 引导粉丝支付人数

图 12-17　种草软文引导成交数据

针对单篇图文内容，运营者也可以对引导成交数据进行查看。如果一篇图文内容带来的点赞、引导进店人数比较高，那么可以反映出该图文内容能够引起买家共鸣。如果图文内容引导的进店人数比较高，但引导支付的人数却比较少，那么商家就需要考虑，是不是详情页不够吸引人或商品本身存在质量问题。

 小贴士

相比付费推广方式，新媒体软文营销所带来的效果不会那么快，从粉丝积累到转化成交，需要经历一个长期的积累过程。所以，新媒体运营者在做软文营销时一定要保持一个良好心态，不能因为一两个月没有效果就放弃，坚持做，才能从量变带来质变。

12.3　利用数据做运营优化

要想让数据分析的结果发挥作用，提高软文营销推广的能力，运营者就需要利用数据持续优化软文，改善营销方法，提升新媒体运营经验。

12.3.1　渠道对比调整资源方向

通过对比同一软文在不同渠道的阅读数据，可以帮助运营者了解哪些平台与自己的图文内容更匹配，然后将运营中心放在该平台上。在对比时，可以以表格形式对基础数据进行统计，如表 12-2 所示。

表 12-2　不同平台软文阅读数据

标题	平台	阅读数	点赞数	评论数	分享数
你控制不了情绪，情绪就会……	微信公众号	13000	25	9	4
你控制不了情绪，情绪就会……	今日头条	5641	12	3	0

续表

标题	平台	阅读数	点赞数	评论数	分享数
你控制不了情绪，情绪就会……	百家号	148	0	0	0
你控制不了情绪，情绪就会……	搜狐号	56	0	0	0

表 12-2，随机选取了 4 个新媒体平台的阅读数据，可以看出，微信公众平台的阅读数据表现最好，其次是今日头条，百家号和搜狐号阅读数据表现较差。如果多条软文反映出的数据都与此相似，那么运营者就可以将软文营销推广的重心放在微信公众平台和今日头条上。

由于不同新媒体账号存在粉丝数量的差异，所以即使是同一平台，相同的软文由不同的账号发布，其阅读量也有可能存在差异。因此，运营者需要观察长期的数据表现，通过对比不同平台一个周期（如一个月、两个月）的平均数据表现来调整运营渠道，如图 12-18 所示。

图 12-18　同一篇软文在今日头条的数据表现

12.3.2　通过效果评估优化内容

哪些软文更受读者喜爱是可以通过具体的数据反馈结果判断的，在分析时，可以统计不同软文的阅读数据，通过对比了解哪些软文的选题更优质。

表 12-3　公众号图文阅读数据

日期	标题	位置	阅读数	评论数	在看数
2019 年 12 月 10 日	长见识了！平常吃的大蒜还有这种……	头条	70417	33	192
	教你如何快速约到暗恋对象……	次条	59175	6	118
	××××× 柿饼，咬一口……	第三条	4688	0	5
	众筹｜非遗龙泉青瓷：凝聚……	第四条	1714	0	2
	拼团｜9 成瘦肉做的广式腊肠……	第五条	3666	0	2
2019 年 12 月 9 日	牛肉丸的新奇吃法……	头条	59541	28	135
	炖、煮、炸，一锅搞定快速上桌……	次条	17376	0	8
	从蛋黄到酥皮，每一口都惊艳……	第三条	3474	0	4
	不用手冲、不用咖啡机，3 秒喝到……	第四条	3323	0	4
	0 香精 0 防腐剂、鲜香酥软，手工做……	第五条	1877	0	1

表 12-3 展示的公众号图文阅读数据，从中可以看出，头条文章由于位置和标题具有诱惑力，所以在阅读数、评论数和在看数上都有不错的表现。

次条内容根据内容选题方向的不同，阅读量会有很大的差距，如 2019 年 12 月 10 日与 2019 年 12 月 9 日的次条内容相比，阅读量要高很多。从标题可以看出，"教你如何快速约到暗恋对象……"文章内容与当代青年比较关心的恋爱话题有关，因此能获得较好的阅读量，而实际上该篇文章同样是推广软文，在文中推广了与圣诞节有关的约会冰激凌。

相比"教你如何快速约到暗恋对象……"，"炖、煮、炸，一锅搞定快速上桌……"的文章标题看起来更像是种草类软文，内容主要是通过介绍某品牌锅产品优势实现种草，由于内容的吸引力较弱，因此阅读量和评论量相较而言要少。

根据上述分析结果可以看出，读者更喜欢与自己、热点有关的内容。所以后期在策划软文内容时，可以多关注实事热点，将标题和内容与热点相结合，让标题体现潜在人群，如"约会对象"，这样更容易获得好的阅读量。

在具体对公众号历史图文数据进行分析时，运营者最好以7天为周期采集阅读数据，然后根据同一位置文章的历史数据表现判断哪些内容是用户需要的。

对于那些阅读数低于平均水平的内容，需要将其单独筛选出来进行独立复盘，总结不足。如2019年12月10日的第四条软文，如果该软文与位于相同位置的其他多条图文的平均阅读量相比要低很多，那么就需要进行单独分析了。

当没有比较好的选题时，新媒体运营者也可以选择阅读数据表现好的优质选题重新写作。除了建立自己账号的阅读数据表外，还可以对竞品账号的图文历史数据进行统计，分析竞品内容中有哪些优质的选题，将其放入备用选题库中。

 小贴士

公众号文章中，头条的阅读量远高于次条是很常见的一种现象，这是因为头条大多是原创文章，且通常不含广告信息，越靠后的文章阅读量越低，且是软文推广的常用位置，所以对于重点推广的软文可以放在次条。

持续提升新媒体
软文转化力

新媒体作为一种互联网媒介形式，处在不断发展中。软文作为新媒体的一种营销方式，它的内容和营销手法也会随着新媒体的变化而变化。运营者要想让软文营销效果发挥更好作用，就需要不断提升软文写作技能，以适应读者兴趣爱好和营销模式的变化。

➤ 制订周期性的学习计划
➤ 学会阅读与思考
➤ 进行文案句式练习
➤ 用新媒体工具帮助提升训练
➤ 软文与借势营销结合

➤ 软文与病毒营销结合
➤ 制订合适的软文营销计划
➤ 新媒体软文推广三大误区
➤ 不让软文被"淹没"
➤ 防范软文营销的风险

13.1 软文写作能力提高训练

写作能力是新媒体软文创作者必备的一项基础能力，这项能力可通过软文写作能力训练来提高。在具体实践的过程中，还需要掌握一定的学习方法，这样才能事半功倍。

13.1.1 制订周期性的学习计划

在进行软文写作能力提高训练时，新媒体创作者最好按周、月或年制订周期性的学习计划，通过计划督促自己学习和进步。制订计划要根据个人的时间规划确定，具体可以在 Excel 表格中结合日历日程表来做计划。在日历日程表中根据空闲时间安排学习内容，然后再在计划表中标注计划完成日期、状态等，如图 13-1 所示。

图 13-1　学习计划表

13.1.2 学会阅读与思考

新媒体软文创作的思路不同，写出来的内容可能会千差万别，好的写作思路可以帮助我们创作出吸引人的软文，那么如何建立好的写作思路呢？我们可以通过阅读和思考总结规律，让写作思路清晰更有逻辑性，具体要分以下几步走。

1）阅读

新媒体创作者要大量阅读优质的文章，最好保证每天的阅读量。通过大量的阅读，可以帮助创作者培养新媒体文字语感，扩大词句储备量，后期在进行软文创作时，写出来的内容也会更充实、更有深度。

阅读新媒体文章时，要有选择性地去阅读，重点看与自己的账号领域相关的文章。

2）信息整合

在阅读的过程中，新媒体创作者要有意识地整合信息，将好的文章收集起来、好的标题或句子摘抄下来，形成自己的素材库。对于素材库中的内容，可以时不时地翻一翻，加深印象。

3）思考写作

有了一定的阅读积累后，还要思考这些文章好在哪里，逻辑思路是怎么样的，然后尝试写作，这样才能得到提升。对优质文章的逻辑思路进行分析时，可以用思维导图帮助拆解内容。

然后就是写作训练，根据优质的标题案例，创作 10 句、20 句相似的标题。标题写作训练完成后，可以挑选优质文章中的一个选题进行内容创作。正式创作前，先构建一下想法和大致思路，然后再动笔写，完成后总结不足之处。

写作训练时，还可以对自己写过的软文进行重新创作。通过重写帮助自己检验过去的思路，发现问题并进行修正。通过这样的反复训练，你会发现自己的文章与爆款文章的思维差距在哪、切入点有什么不同。最后用这些好的思路修正过去软文的不足之处，提升软文创作能力。

13.1.3 进行文案句式练习

文案句式练习是提升软文写作能力的一个好方法，主要通过做加法和做减法的方式练习。

1）做加法

做加法是指根据一句比较经典的文案进行再创作，如以"想通过英语逆袭，看这篇就够了"为例，用不同的表述方式进行句式重组改写，可以得到如下几个文案范例。

范例借鉴

2019 年最后 20 天，想通过英语逆袭，看这篇就够了

从零开始学英语，看这篇，开启逆袭之路

我用了 3 个月时间自学英语，成功拿下专升本

英语差生如何逆袭，这是一篇寒假英语逆袭攻略

×××（明星）靠英语逆袭，她的学习方法普通人可以复制吗？

从哑巴英语到日常交流，他说：学英语要不走弯路

她 28 岁离职失业，30 岁靠英语月入 5 万元

2）做减法

做减法是指将比较长的文案进行精简和优化，使其阅读起来更精练，下面来看一个范例。

范例借鉴

长文案：日常生活中我们常用的筷子大都是竹质或木质的，这种材质的筷子存在用久了容易发霉、不环保等问题。今天推荐的这款筷子是钛制成的，与木质、金属、塑料材质的筷子相比，具有安全无毒、耐高低温、不易生锈发霉、清洗方便等优势。

短文案：今天推荐一款特别的筷子，与竹质、金属、塑料材质不同，是用钛制成的。这种材质的筷子健康、安全而且经久耐用。

通过做加法和做减法的文案句式练习，可以帮助新媒体软文创作者提高软文写作功底。

13.1.4　用新媒体工具帮助提升训练

在软文写作练习过程中，新媒体创作者可以运用一些工具辅助自己进行提升练习，常用的工具有以下几种。

1）小黑屋

小黑屋是一款强制写作软件，能帮助创作者创建一个良好的写作环境，使用者在软件中设置锁定时间或者字数后，创作者需完成该任务后才能退出该软件，通过这种方式可以帮助创作者提高写作的效率。目前，市场上类似小黑屋强制码字的软件有很多，新媒体创作者可以根据自身喜好选择。

2）文案狗

文案狗（http://www.wenangou.com/）提供的谐音工具对软文创作者来说是比较实用的。输入汉字后，可以查询谐音常用成语、诗词名句和俗语大全，这可以帮助创作者发散思维，如图 13-2 所示。

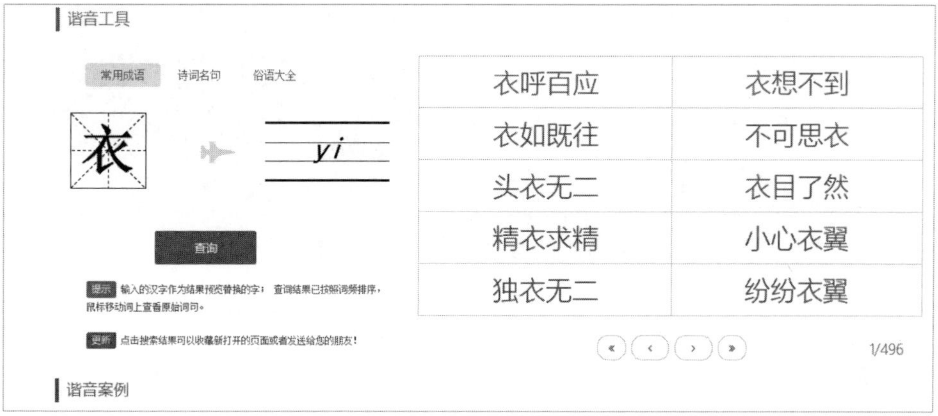

图 13-2　谐音工具

3）小目标工具

小目标是支付宝提供的一款习惯养成应用，在支付宝中启动小目标功能后，可以自定义阅读或写作目标，如果在指定时间前未完成目标，小目标会提醒用户。通过这种方式，可以帮助新媒体创作者提醒自己坚持完成每日的目标计划，养成良好的习惯，具体设置方法如下。

进入支付宝首页输入"小目标"，单击"搜索"按钮，在搜索结果中单击"小目标"超链接。在打开的页面中单击"启用该功能"按钮，如图13-3所示。

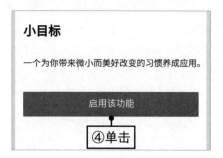

图13-3　启用小目标

进入小目标首页，单击"设定一个小目标吧"超链接，在打开的页面中单击"添加自定义目标"按钮，如图13-4所示。

图13-4　进入小目标添加页面

在目标自定义页面输入目标名称，选择目标图标和颜色，设置打卡时间和打卡提醒时间，输入鼓励自己的话，单击"确定添加目标"按钮，如图13-5所示。

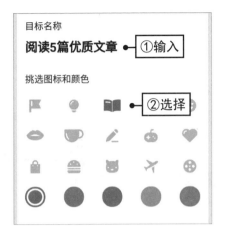

图 13-5　添加目标

4）新媒体社群

在微信中，有很多新媒体社群，新媒体创作者可以加入这些社群，与群友一起交流写作和营销心得，共同打卡，共同进步。

13.2　新媒体软文的传播与引爆

软文在新媒体平台上的传播力度影响着软文的营销效果，通过将软文与借势营销、H5 营销等方式结合起来，可以提高软文的影响力，甚至可以让软文产生引爆式的营销效果。

13.2.1　软文与借势营销结合

借势营销是指借助热点话题或热点事件进行品牌或产品宣传的一种营销方式。在微博平台上，常常可以看到"软文 + 借势营销"的案例。下面以海尔520 微博借势营销为例，来看看海尔是如何借势 520 热点进行品牌宣传的。

我们知道，520 的谐音是"我爱你"，5 月 20 日这天已成为人们表达爱的日子。在 2017 年 5 月 19 日，海尔发布一条与 520 有关的活动文案，具体内容如图 13-6 所示。

图 13-6　海尔发布的微博文案

该条微博文案一经发布就得到了网友广泛的转发，随后各家官微也纷纷对活动提供了赞助互动，随着蓝 V 企业不断提供奖品加码，该微博被引爆，转发量也由一万多上升到二十几万。图 13-7 为蓝 V 企业在评论区提供奖品加码。

图 13-7　蓝 V 企业在评论区提供奖品加码

随后不少微博大号也参与了微博转发，这使得该微博被持续引爆。为了能让该微博持续发酵，海尔将抽奖时间修改为 5 月 20 日 13:14，寓意"我爱你一生一世"。随着微博内容被持续引爆，海尔官方微博也登上了 5 月 20 日当天的微博热搜榜，而海尔策划的 520 营销活动也成了全网的活动。

从 5 月 19 日到 5 月 20 日，通过借势 520，海尔微博的单条转发量达到了二十几万，评论数 5 万多，净粉丝量增加了 13 万，而参与活动的其他官方微博也实现了一定程度的曝光，通过海尔的案例可以借鉴到以下几点软文营销思路。

（1）"软文＋借势营销"需要提前进行活动预热，活动开展方式以及文案都要提前策划并发布，以"利"诱人式软文更能促成微博网友转发。

（2）企业可以通过借势发起方的营销活动实现在评论区曝光，如该案例中，"旺仔俱乐部"就实现了品牌曝光。

（3）通过品牌联动更容易实现引爆式的营销。

13.2.2　软文与病毒营销结合

病毒营销是指通过病毒式的极速传播方式实现营销目的，微信平台因其具有很强的社交属性，所以也为企业开展病毒式营销提供了良好的条件。下面以网易新闻为例，来看看它是如何通过 H5 轻量级内容实现品牌宣传的。

2018 年七夕，网易新闻的一款测试类 H5 互动小游戏在朋友圈瞬间火了起来，该测试游戏的参与门款很低，用户只需扫描海报中的二维码即可进入测试页面，简单几步就能完成测试。完成测试后，用户可以将测试结果发送给朋友或分享到朋友圈，图 13-8 为活动海报和游戏测试结果海报。

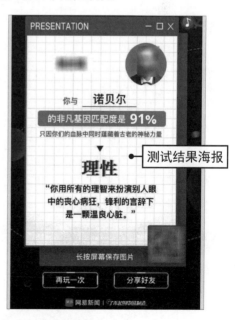

图 13-8　活动海报和游戏测试结果海报

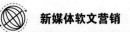
由于该测试小游戏操作简单且有趣，用户通过测试也可以分享自己的"非凡特质"，使得该测试游戏在朋友圈得到了刷屏式的病毒传播，网易新闻也在七夕营销中脱颖而出。

在本案例中，通过网易新闻的营销海报可以看出，"科学是另一种浪漫"是文案主题。通过科学的角度诠释浪漫，不仅与七夕节联系在一起，还与其推出的"了不起的中国制造"科学栏目相契合，同时也体现了网易新闻致敬科学的态度。

在测试结果海报中，底部也有"网易新闻"和"了不起的中国制造"的logo，这就间接实现了朋友圈裂变式的营销宣传。通过网易新闻的案例可以借鉴到以下几点软文营销思路。

(1) 软文营销可以与H5互动小游戏结合起来，将品牌宣传内容植入H5游戏的场景中，这种轻松有趣的内容形式不仅能被用户接受，同时也容易在社交媒介上形成病毒式传播。

(2) 营销软文除了可以融合产品或节日元素外，也可以体现品牌要表达的态度，以强化品牌在用户心中的印象。

13.3 把软文营销做得更好

在进行软文营销的过程中可能会进入各种各样的误区中，如软文营销没有规划，想起来才做、发布软文后没有进行维护，容易导致效果不佳。下面来看看新媒体运营者要如何避免和处理这些误区，将软文营销做得更好。

13.3.1 制订合适的软文营销计划

新媒体软文并不是一次性的营销工具，要想软文营销取得好的效果，新媒体运营者需要制订长期的软文推广计划，有计划地发布和推广软文。在软文营销计划中，新媒体运营者应明确软文的用户群体，确定一个周期内要发布多少篇内容。在具体制订计划时，可以按照渠道分别策划，图13-9为微淘内容运营计划。

图 13-9　微淘内容运营计划

13.3.2　新媒体软文推广三大误区

每一个新媒体运营者都希望软文营销能取得好的效果，但要做好软文营销也并不是一件很简单的事。为了避免走进软文营销的误区，帮助新媒体运营者少走弯路，这里介绍几种常见的误区。

1）毫无规律

软文的发布毫无规律，采用"三天打鱼，两天晒网"的方式进行营销推广，这是很多刚开始做软文营销的新媒体运营者常犯的错误。运营者应该明确，软文营销是一种潜移默化的长期性的营销方式，短期内可能很难获得明显的收益，不能因为看不到成效就放弃软文营销，或者采用"想起来就发一篇软文"的方式做推广。

新媒体软文营销从引流吸粉到裂变转化需要一个长期的孵化过程，坚持进行新媒体软文营销，保证长期有规律的推广软文，这样才能收获质变的营销效果。

2）只追求大型新媒体平台

我们知道大型的新媒体平台用户量多，影响力也很大，但并不是所有的企业和商家都适合在这些平台上做软文营销。这是因为大型新媒体平台的流量竞争很激烈，引流相对而言也更困难。如果企业规模不大且服务的用户主要是本地的用户，那么不妨选择地方性的新媒体平台，比如本地论坛、区域门户网站等，这样不仅带来的用户会更精准，而且用户的转化率也会更高。

新媒体运营者应避免只追求大型新媒体平台的软文营销方式，根据自身实际情况合理选择，找准潜在用户聚集的平台，这样才能提升营销效果。

3）只发软文不做营销

只发软文不做营销是很多新手新媒体运营者常犯的错误，他们认为做软文营销只需要发一发软文就可以了。新媒体运营者要明白，软文营销并不是"软文＋发布"那么简单。软文营销包含了内容策划、创作和营销推广三大部分，发布只是营销推广的一个环节。

13.3.3 不让软文被"淹没"

在各大新媒体平台，每天都会产生大量的内容，为了避免自己的软文很快被"淹没"，新媒体运营者可以采用以下几种方法延长软文的营销生命期。

1）多次发布

对于比较优质的新媒体软文，可以选择多次发布的方式延长推广周期。以公众号为例，在推送一篇软文后，并不能保证所有粉丝都会看到该篇文章，为了让软文可以触达更多的粉丝，可以将软文多次穿插在公众号的推文中，或者采用"公众号 + 朋友圈"发布的方式推广软文，让软文获得更多展现机会，如图 13-10 所示。

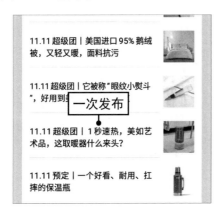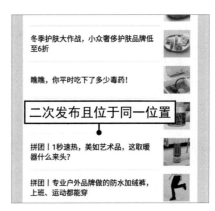

图 13-10　将同一篇软文多次发布

2）分段多次发布

对于内容较多的新媒体软文，可以采用分段多次发布的方式做推广，这样不仅可以吸引粉丝关注，同时也能延长推广的时间段，如图 13-11 所示。

图 13-11　分段多次发布软文

3）改写发布

如果一篇软文在新媒体平台上没有取得好的反响，则可以将软文进行修改后重新发布。在软文中可以备注哪些地方修改了，或者重新发布的原因，提高读者信任感。

13.3.4 防范软文营销的风险

软文营销的风险主要是指新媒体运营者在软文创作以及推广过程中操作不当所带来的风险，具体有以下几种情形。

1）内容未遵循广告法

在新媒体平台上进行软文营销，运营者一定要熟悉广告法，明确新广告法的内容，包括广告内容准则、广告行为规范，以及禁用词等。近年来，有不少公众号因违反新广告法被封号，也有知名商家因虚假广告被罚款，所以，新媒体运营者在推广软文时一定不能触碰红线，否则会给自身带来巨大的损失。运营者可以通过大型的法律服务门户网站了解新广告法的具体内容，图 13-12 为广告法部分内容。

保健食品广告不得含有下列内容：

（一）表示功效、安全性的断言或者保证;（二）涉及疾病预防、治疗功能;（三）声称或者暗示广告商品为保障健康所必需;（四）与药品、其他保健食品进行比较;（五）利用广告代言人作推荐、证明;（六）法律、行政法规规定禁止的其他内容。保健食品广告应当显著标明"本品不能代替药物"。

广播电台、电视台、报刊音像出版单位、互联网信息服务提供者不得以介绍健康、养生知识等形式变相发布医疗、药品、医疗器械、保健食品广告。

禁止在大众传播媒介或者公共场所发布声称全部或者部分替代母乳的婴儿乳制品、饮料和其他食品广告。

图 13-12　广告法部分内容

2）内容质量问题

内容质量问题也会给新媒体软文营销带来风险，这样的风险大都存在于中小型企业或商家中。由于没有专业的文案创作者，导致软文质量较低，使得软文营销不见起色，同时也使得企业在读者心中留下了不好的印象。

对于中小企业来说，可以聘请专业的软文推广公司写稿、发稿。此外，也可以通过减少发文量，或者舍弃部分平台，专注于一两个平台的运营以提高软文质量。与此同时，新媒体运营者也应不断学习，提高自己的软文创作能力。

3）书写错误

新媒体软文都是发布在网络上公开给读者阅读的，因此在发布前一定要保证内容的正确性和用词的准确性。特别是一些新闻类软文，要提高软文的权威性就一定要保证书写准确，注意避免错别字、用词不当等错误。

4）素材来源不可靠

在创作新媒体软文时会使用大量的素材，在引用这些素材时应保证素材内容本身来源可靠且内容真实，这样才能确保创作出来的软文客观真实。以公众号软文为例，参考资料一定要权威可靠，如图 13-13 所示。

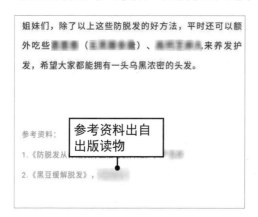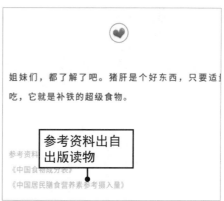

图 13-13　公众号文章中的参考资料